Oser faire confiance

© Marabout (Hachette Livre), 2015

Toute reproduction d'un extrait quelconque de ce livre, par quelque procédé que ce soit, notamment par photocopie ou microfilm, est interdite sans autorisation de l'éditeur.

Emmanuel Delessert

Oser faire confiance

MARABOUT

Sommaire

Avant-propos..9

CE QUI SE JOUE DANS LA CONFIANCE

Une époque qui ne connait plus la confiance...................17
Deux « confiances » ?...37
La confiance, en pensée ou en action ?...........................47
L'art d'être naïf..55
Soyez réalistes, soyez confiants !....................................67

LA CONFIANCE ET LE MYTHE DU HÉROS INDIVIDUEL

Est-ce qu'on est fort quand on est seul ?........................87
Confiance et estime de soi..101
L'efficacité de la confiance...113
Une réponse humaine à la fragilité..............................123

DÉPASSER LA TRAHISON

Quand la trahison malmène la confiance.....................139
La fausse sécurité de nos affections..............................151

Le sens positif de la trahison 165
La trahison est inévitable, et alors ? 177

Commencer 183
Le conditionnel est le temps des lâches 189
Notes 190
Remerciements 191

*À Muriel,
Luna, Maïa et Paolo.*

Avant-propos

Vendredi 23 mai 2014, Maison de la Radio. Dehors, soleil printanier. Dedans, la lumière tamisée du studio. Sur la table, des piles de livres ouverts entourent les micros, au milieu de papiers épars et de gobelets de café froid, vestiges des émissions passées. Derrière la vitre, en régie, le preneur de son et le chargé de réalisation s'affairent, le visage concentré. À une minute du direct, il reste encore un élément à monter, le son d'ouverture à caler, un dernier essai de voix pour mon invité… mais personne ne s'affole. On se connaît bien. On se fait confiance.

Une voix murmure dans mes oreilles : « Attention, ça va être à nous. » Je repose mon stylo, étire machinalement mes bras, ajuste mon casque, redresse le buste et suis du regard les secondes qui défilent sur l'horloge face à moi, au-dessus de la vitre. À la radio, les secondes ont une durée de vie variable : à peine un clin d'œil quand il n'en reste que quelques-unes et tant de paroles à faire entendre, une éternité quand, question mal posée ou invité mal luné, la voix bredouille puis se tait. Les silences pèsent plus lourd que les mots. C'est aussi une qualité, si l'on sait en jouer. Mais pour accepter de jouer avec le silence, encore faut-il se faire confiance.

Le passage d'antenne, comme le début de l'émission, répond à un rituel réglé comme du papier à musique. « Il est très exactement 10 heures sur France Culture, annonce Emmanuel Laurentin, un sourire dans la voix. C'est le moment de retrouver "les Nouveaux chemins de la connaissance" et la suite de cette semaine spéciale "bac philo"! » Le voyant rouge s'allume : mon micro est ouvert. « Bonjour Emmanuel, bonjour à tous ! » D'un geste du bras, je fais signe d'envoyer le générique, la mélodie s'échappe instantanément des enceintes accrochées aux murs de part et d'autre du studio. Je pose ma voix sur la musique et cite le nom de mes collaborateurs, annonce les invités de la semaine. Ces premières minutes ont pour but d'accueillir l'auditeur, de créer, par la répétition quotidienne de formules identiques, un univers sonore qu'il ait plaisir à retrouver. Qui sait où il se trouve au moment où il allume le poste ? Dans une salle de bains, une voiture, un atelier, un lit peut-être ? Peu importe : pour qu'il ait envie de laisser ma voix faire irruption dans son intimité et l'accompagner une petite heure durant, il faut qu'il se sente en terrain familier. En un mot, qu'il me fasse confiance.

Passées les trois premières minutes, l'aventure commence. Chaque direct est une prise de risque. Un numéro de trapèze qui s'effectue sans filet – mais à trois. Le tout est d'arriver à saisir la main de l'auditeur en se trouvant au bon endroit, au bon moment. Un quart de seconde trop tard, et c'est la chute, le poste de radio qui s'éteint. Mais cette main ne sera solidement tenue que si je parviens à tenir, en même temps, celle de mon invité. Paradoxalement, rien n'est plus efficace que la spontanéité pour obtenir ce résultat. Des questions pré-écrites rassurent, mais n'invitent pas à la discussion, elles résonnent en l'air et ne suscitent aucun mouvement. À l'inverse, un entretien qui se crée en acte, sur le moment, comme un acrobate qui, chaque jour, improviserait une nouvelle figure avec un partenaire différent, voilà qui tient en haleine et suspend l'attention. Une grande concentration est requise : je dois, en quelques minutes, *saisir* mon invité à partir de ce qu'il me donne, intentionnellement ou malgré lui, être attentive à son humeur, son tempérament, le rythme de sa parole, la mélodie de sa voix, sa nervosité, pour trouver les moyens de continuer cette chorégraphie sonore en train de s'écrire. Chaque question posée est une invitation acrobatique à saisir en plein vol, chaque réponse un mouvement imprévisible du corps sur le trapèze : mon rôle est de faire que mon interlocuteur effectue des figures impressionnantes sans tomber. **Plus on se fera confiance, plus on pourra voler loin.** S'il a besoin d'être soutenu, je l'encourage en hochant la tête, je maintiens un balancier régulier. S'il est irrité, je l'apaise. S'il est trop désinvolte, je prends mon élan, le titille et le contredis pour l'énerver un peu. Parfois, les cinquante-quatre minutes de l'émission s'écoulent et je n'ai pas réussi à créer de contact. Chacun est resté immobile à se regarder de loin, les jambes dans le vide. Dans ce cas, chaque minute dure un an et je sors du studio désespérée. Mais ce jour-là…

Mon invité s'appelle Emmanuel Delessert. Je l'ai rencontré quelques instants plus tôt, au moment d'entrer en studio.

Les quelques mots que nous avons échangés m'ont mise en confiance. C'est lui qui m'a tendu la main en premier : deux mois plus tôt, il m'avait contactée pour participer à une série qui s'adresse plus particulièrement aux élèves de terminale, en donnant la parole aux professeurs de philosophie pour qu'ils puissent, le temps d'une émission, proposer le corrigé d'un sujet de dissertation susceptible de tomber le jour du bac. Emmanuel Delessert était prêt à traverser la France, accompagné de ses élèves du lycée Gabriel-Fauré d'Annecy, pour venir s'adonner à un exercice aussi douloureux que courageux : se tenir, le temps d'une émission, *à la place* de l'élève et *devant* ses élèves. Double supplice. (Aussi étrange que cela puisse paraître, tous les professeurs qui se sont prêtés au jeu l'ont fait de manière volontaire.) Je commence par saluer ses élèves.

« Boonnjouuuur ! », répondent-ils en chœur, confortablement assis dans les sièges en velours bleu du studio 105 de la Maison de la Radio. Les qualités pédagogiques d'un professeur de philosophie s'évaluent-elles à l'enthousiasme de ses élèves ? En ce cas, Emmanuel Delessert se situe sur le haut du podium. Derrière la bonnette rouge du micro, les manches relevées et le sourire amusé, il écoute ses élèves faire part, micro en main, de leurs réactions face au sujet qu'il a proposé d'analyser pendant les quarante-neuf prochaines minutes : « À quoi bon promettre ? » Beau sujet, surprenant aussi, loin des intitulés académiques. Il le justifie au nom de « l'inconfort » qu'il aime susciter chez les adolescents pour leur permettre de donner le meilleur d'eux-mêmes et, surtout, de réfléchir au-delà du cadre « thèse-antithèse-synthèse (ou foutaise) ». De fait, je n'ai jamais vu autant d'élèves se battre pour prendre la parole à la radio. Leurs interventions sont longues, construites, impressionnantes de maturité et de connaissances philosophiques. La confiance que l'enseignant accorde à ses élèves est palpable, c'est ce qui les encourage à parler dans un micro – l'équivalent, à dix-huit ans à peine, de se jeter du haut d'une falaise. Puis lui-même se lance, remercie sa classe et commence à analyser le sujet d'une voix calme, posée, rassurante. Dans sa bouche, pas de jargon ni de formules toutes faites. Il avoue son peu de goût pour les références traditionnelles, même s'il cite longuement Sartre et Cervantes, mais l'exemple qui constituera le fil conducteur de son corrigé, c'est le film *The Pledge* de Sean Penn. L'histoire d'un inspecteur de police qui, à la veille de son départ à la retraite, promet à la mère d'une victime de retrouver l'assassin de son fils. Une promesse qui va échouer, mais au fond, cela importe peu, tant c'est l'acte de promettre qui compte.

La promesse est un acte naïf, qui parie sur une réparation du présent dans le futur. Elle demande aussi du courage, celui d'affronter l'absurdité de l'existence en y installant un sens provisoire, le temps de «faire monde», explique Emmanuel Delessert (en mimant les guillemets avec ses doigts), pour la personne auprès de laquelle on s'engage. Promettre en sachant qu'il sera sans doute impossible de tenir cette promesse, comme le découvre bien malgré lui l'inspecteur Jerry Black, mais endosser cette responsabilité éthique comme seul moyen de «disposer, dans cet océan d'incertitude qu'est par définition l'avenir, des îlots de sécurité sans lesquels aucune continuité, sans même parler de durée, ne serait possible dans les relations des hommes entre eux», comme l'écrit Hannah Arendt dans *La Crise de la culture*.

L'émission touche à sa fin, le miracle a eu lieu. Non pas celui de dispenser un cours de philo en une cinquantaine de minutes devant un micro – ce qui est déjà un exploit. Mais d'avoir su dépasser le ton scolaire qu'impose le corrigé d'une dissertation de philosophie pour prendre le problème à bras-le-corps et transmettre une analyse avec limpidité et précision. Quand je rends l'antenne, à 10 h 54, je sais que les auditeurs sont encore là, tenant la main de mon invité, prêts à le suivre dans d'autres explorations de haute voltige. C'est désormais possible grâce à ce livre, sorte de second volet – écrit, cette fois – de cette réflexion singulière hantée par une seule et redoutable question: comment survivre au constat de l'absurdité du monde? La réponse se trouve dans les pages qui suivent. À en croire son auteur, l'idée de ce livre est née le jour de l'émission. C'est la raison pour laquelle j'ai accepté d'en rédiger la préface avant même de l'avoir lu. La confiance est aveugle ou elle n'est pas – tout simplement. À vous de juger.

Adèle Van Reeth

*Ce qui se joue
dans la confiance*

1

Une époque qui ne connait plus la confiance

Scène de la vie quotidienne. À la caisse du supermarché, tandis que je fais la queue avec mes enfants, je remarque une certaine agitation autour de moi. La maman du petit Romain, trois ans, ne le retrouve plus. Après l'avoir désespérément cherché dans les rayons, elle finit par demander de l'aide à la caisse. La responsable s'empare du micro et fait l'annonce classique que vous avez sans doute déjà entendue : « La maman du petit Romain l'attend à la caisse centrale du magasin. »

Il faut moins de deux minutes pour que le petit garçon réapparaisse… Il avait déambulé un peu avant de se retrouver dans l'entrée du supermarché, où une vendeuse, comprenant qu'il s'était perdu, l'avait intercepté, puis surveillé et conduit à la caisse en entendant l'annonce.

Au moment où son enfant lui est ramené, la maman fond en larmes, secouée de sanglots angoissés. Elle tient à peine sur ses jambes et met plusieurs minutes à reprendre ses esprits, s'appuyant sur la poussette de la petite sœur du garçon fugueur. Elle ne parvient plus à prononcer le moindre mot et regarde autour d'elle, comme si elle était seule au monde, et ses enfants cernés de dangers. Dans son esprit sont passés les pires scénarios dans lesquels chacun des clients ordinaires du supermarché cache un prédateur, et elle s'en veut terriblement d'avoir laissé son fils un instant en dehors de sa protection. On ne peut faire confiance à personne, chuchote une petite voix dans sa tête.

Tout le monde s'empresse autour d'elle, avec sollicitude et bienveillance, mais elle ne s'en rend même pas compte. Pourtant, nombreux sont ceux qui l'ont entourée et aidée. La vendeuse qui a surveillé l'enfant, le vigile qui avait immédiatement promis qu'il le retrouverait, une caissière particulièrement attentive et solidaire de son inquiétude, et enfin toute une assistance qui, du regard, cherche à apaiser la terreur de cette jeune mère...

Le monde extérieur semble hostile face à la fragilité d'un enfant

Comme tout le monde, j'ai commencé par chercher l'enfant au moment de l'annonce, et j'ai partagé l'émotion violente de cette jeune femme : quelle expérience épouvantable pour un parent ! Dans une telle situation, on imagine facilement le pire. Le monde extérieur semble hostile et menaçant face à la fragilité d'un enfant livré à lui-même ; il paraît difficile de ne pas se laisser envahir par toutes sortes de craintes. Pourtant, une fois l'émotion passée, je n'ai pas pu m'empêcher de m'interroger sur sa violence. Ne révèle-t-elle pas qu'il y a un problème dans notre rapport aux autres ?

Tous menaçants ou tous solidaires ?

Aurions-nous donc tellement à craindre des autres ? Quitter du regard sa progéniture pendant cinq minutes, est-ce vraiment l'abandonner dans un monde sauvage dont il n'aurait aucune chance de ressortir indemne ? Tous ces inconnus, parmi lesquels nous faisons placidement nos achats, seraient-ils autant d'ennemis potentiels, qui n'attendraient qu'une baisse de notre vigilance pour détruire notre bonheur ? Toutes ces voitures sur le parking seraient-elles conduites par des monstres aux aguets, attendant qu'un enfant sorte du magasin pour lui rouler dessus ? Pourquoi une telle terreur ? Laisser son enfant hors de sa propre attention, c'est-à-dire s'en remettre aux autres un moment pour préserver sa sécurité, est-ce une réelle imprudence ?

Dans le cas qui nous occupe, au contraire, des inconnus ont formé un rempart pour prendre rapidement et avec efficacité le relais de la surveillance maternelle, avant même que la maman ait remarqué la disparition de son fils et demandé de l'aide. Une solidarité sincère, un réseau protecteur se sont ainsi constitués spontanément. Ce qui peut paraître étonnant, en définitive, c'est l'écart entre ce qui s'est réellement produit et le vertige émotionnel que cette situation a occasionné.

Un souvenir d'enfance m'est alors revenu brusquement... M'étant perdu de la même manière au supermarché, j'étais allé à la caisse en pleurant à chaudes larmes, paniqué de me retrouver seul. La responsable avait alors appelé au micro : « Le petit Emmanuel attend sa maman à l'accueil. Il porte un pantalon rose... »

Au cas où ma mère n'aurait pas pris conscience de mon absence et oublié mon prénom, au moins la couleur de mon pantalon l'alerterait sans doute aucun ! Ma mère était arrivée en souriant, se moquant gentiment de mes larmes. Elle avait remercié la caissière avec simplicité et repris tranquillement ses courses. « Tu as été bien bête d'avoir si peur. Le petit Emmanuel avec son pantalon rose… », répétait-elle en riant, car elle avait trouvé la formule assez drôle. À ma peur excessive était venue répondre la bienveillance amusée d'une mère sereine. Et le pantalon rose est rapidement devenu la formule favorite de mon frère aîné pour moquer un moment de grande frousse !

Le temps de la méfiance

À trente ans d'intervalle, ces deux scènes semblent diamétralement opposées. Au-delà d'une différence dans le mode d'éducation se pose la question du climat ambiant. Dans une situation identique, la peur a remplacé la confiance. Quelque chose aurait-il changé ? On se plaît souvent à raconter comment, autrefois, dans les villes et les villages, les maisons restaient ouvertes : qui pourrait, aujourd'hui, envisager de ne pas fermer sa porte à double tour en sortant de chez soi ?

Dans l'épisode classique du supermarché, la terreur n'est plus du côté de l'enfant, mais du côté de l'adulte, pris de vertige devant l'étendue de ses responsabilités, torturé par une volonté de tout contrôler qui lui fait redouter l'imprévu. Quelle est donc cette inquiétude qui nous habite désormais et qui transforme une scène ordinaire en cauchemar ? D'où vient cette anxiété qui nous fait considérer les autres comme une menace ?

La réaction paniquée de cette maman (je ne suis d'ailleurs pas sûr que je n'aurais pas eu la même à sa place !) n'est pas anodine. C'est un signe parmi d'autres d'une inclination générale à la méfiance qui s'est insidieusement installée au cœur de notre quotidien. Un tel tsunami d'angoisse pour un événement finalement bénin montre à quel point nous sommes désormais enclins à douter de notre entourage immédiat, à craindre toute forme d'incertitude, de fragilité. Nous sommes intimement convaincus que nous devons éliminer toute part d'improvisation, ne faut pas laisser aux autres une trop grande latitude sur nos vies – ils n'agiront pas d'emblée en notre faveur si nous leur laissons le champ libre. Toute intervention non sollicitée nous paraît dommageable, ce qui nous incite à réduire autant que possible la marge de manœuvre des autres. Nous nous efforçons de délimiter strictement leur domaine d'action et redoutons les flottements qui pourraient naître de leur liberté. Un tel climat pervertit en profondeur la qualité du vivre-ensemble L'exemple de la garde des enfants est très révélateur. Lorsque les grands-mères se voient aujourd'hui confier leurs petits-enfants, elles doivent souvent se plier à un cahier des charges ahurissant et rendre des comptes précis sur de nombreux faits et gestes, comme si elles n'avaient pas déjà fait leurs preuves ! Ainsi que l'a si bien saisi le dramaturge Bertolt Brecht : « Il suffit que la méfiance existe pour que n'importe qui devienne suspect[1] ».

> *Nous sommes enclins à douter de notre entourage immédiat, à craindre toute forme d'incertitude*

Les fantômes de la presque-réalité

Cette formule de Brecht résume comment la méfiance subvertit notre perception des choses. En effet, elle transforme tout ce qui n'est encore qu'au stade du possible en une presque-réalité. Une presque-réalité ne devrait pas effrayer, puisqu'elle n'existe pas. Mais sous l'étrange éclairage de la méfiance, elle apparaît soudain comme quasi certaine.

Céder à l'étrange séduction de la méfiance, c'est donner à chaque hypothèse, même la plus improbable, une réalité qu'elle ne possède pas. C'est jeter un voile d'inquiétude sur le présent mais aussi sur l'avenir, sur les autres mais aussi sur soi, en agissant comme si ce presque-réel existait bel et bien.

Un tel sentiment pèse sur nos comportements et nous intime de nous protéger, par anticipation, de cette infinité de petits fantômes menaçants. La méfiance favorise ainsi des conduites de repli, des comportements frileux, qui s'installent d'autant plus aisément qu'ils peuvent être confondus avec de la prudence. Mais si la prudence est la prise en compte raisonnable de forces à l'œuvre dans le réel, la méfiance relève davantage d'un processus hallucinatoire, qui revient à se laisser intimider par des chimères. Il est certes avisé d'anticiper certains mécanismes qui pourraient nous être défavorables en nous efforçant d'en détecter les indices, mais voir en toute situation un danger potentiel nous fait doucement glisser dans une petite paranoïa.

J'étais toujours au supermarché, perdu dans mes pensées, quand la caissière interrompit mes réflexions pour me demander d'ouvrir mon sac à dos et de lui en présenter le contenu. Un peu gênée, mais décidée à suivre la règle, elle s'excusa mécaniquement et évita d'ailleurs de regarder trop précisément le contenu de mon sac : « Je suis désolée, mais c'est la consigne. Je dois l'appliquer, je n'ai pas le choix, on me demande de le faire systématiquement, sinon je peux perdre mon emploi. »

« Et si » j'étais un voleur ? « Et si » son supérieur se rendait compte qu'elle n'applique pas la consigne de manière systématique ? « Et si » tous les clients en profitaient pour remplir leur sac et s'adonner à un pillage minime, mais considérable au final ? Il est vrai qu'on ne saurait évacuer certaines possibilités, mais il n'est pas anodin de prétendre s'en protéger d'une manière aussi peu élégante. Cette règle, qui tend à se généraliser dans un grand nombre de commerces, installe de manière ouverte le soupçon au cœur de la « relation client ». Chaque client est, de fait, explicitement invité à accepter d'apparaître aux yeux des autres et de se percevoir comme un « voleur potentiel », par le jeu de cette petite

La méfiance favorise des comportements frileux qui s'installent d'autant mieux qu'ils peuvent être confondus avec de la prudence

procédure. Il n'est d'ailleurs pas rare de voir certaines personnes anticiper ce « contrôle de routine » et ouvrir d'elles-mêmes leur sac, pour faciliter la tâche des caissières, contribuant ainsi à accepter cette dérive insidieuse du rapport social. Imaginons un instant l'inverse, que chaque client exige que le supermarché affiche ses marges, afin d'être sûr à son tour qu'il n'a pas été volé ! Ces détails apparemment bénins modifient imperceptiblement le rapport immédiat que nous avons avec notre entourage et contribuent, par leur répétition, à instaurer une atmosphère générale de défiance.

Convenons en tout cas que ces deux petites situations « accidentelles » ont le mérite d'illustrer l'existence d'un réel déficit de confiance mutuelle. Ce constat est d'autant plus surprenant que l'idée de confiance n'a probablement jamais été aussi valorisée. Elle jouit d'un prestige considérable, et nous citons ce mot régulièrement dans notre vie quotidienne. Dans les nombreux domaines où elle est évoquée, la confiance apparaît comme une valeur largement plébiscitée. Elle désigne tout d'abord une vertu individuelle qu'il faudrait atteindre, puis cultiver. Un mélange subtil de sérénité et de puissance, d'émotion et de raison. Une conscience sereine de ses capacités, qui rendrait possible la confrontation victorieuse avec l'adversité.

> *L'idée de confiance n'a jamais été aussi valorisée, et nous citons ce mot régulièrement dans notre vie quotidienne*

Il faut avoir « confiance en soi » !

Si la confiance domine dans le rapport à l'autre, les psychologues expliquent qu'il faut, avant tout, commencer par avoir confiance *en soi* pour que notre vie soit harmonieuse et que nous puissions nous ouvrir aux autres. C'est ainsi qu'apparaît l'idéal de confiance en soi : une douce certitude de savoir qui l'on est, grâce à laquelle on ne se laisserait pas entamer par les aléas de l'existence et qui serait le gage d'une bonne emprise sur les choses. Un tel état est clairement désigné comme un objectif personnel à atteindre, moyennant le recours, parfois, à des thérapeutes, des coachs et autres spécialistes auxquels nous demandons de nous livrer la formule magique de la stabilité, de l'assurance, du pied ferme et de la main franche. Certains se font fort de nous faire retrouver le « chemin » de la confiance, afin que nous puissions avancer de nouveau « en toute confiance » – où au moins en donner l'illusion.

Nous voici donc face à un premier impératif : nous *devons* avoir confiance en nous-mêmes. Et si nous n'avons pas spontanément cette chance, alors au travail ! Si on suit une telle vision des choses, cette confiance en soi obligatoire peut devenir, à son tour, une source d'angoisse...

Un tendre cocon ?

La confiance désigne également une sorte d'idéal dans nos relations intimes, un état apaisé à l'intérieur duquel l'incertitude, le doute, le conflit se seraient dissipés. C'est ainsi que ce sentiment est présenté comme le milieu idéal pour le déploiement d'une relation affective saine et stable. La confiance serait la clé de l'épanouissement, une garantie contre les incertitudes affectives.

L'amant, l'ami, pourrait, grâce à cette formule magique, se défaire de son mystère, ne plus être celui à qui ma vie et mon destin sont suspendus, mais un horizon apaisé, dégagé de toute inquiétude. Un couple qui atteindrait cet état rêvé serait définitivement à l'abri des écueils de la relation amoureuse. Toutes les tensions, toutes les péripéties induites par l'âge, le temps, la lassitude, l'incompréhension mutuelle, l'appétit de nouveauté, les chocs de l'existence, viendraient ainsi s'adoucir au contact de cette vertu si puissante. La confiance apparaît donc bien, là encore, comme une force apaisante, un filtre indispensable pour atténuer les chocs inévitables que provoque notre confrontation au réel.

Le « climat de confiance »

Au-delà des relations affectives et intimes, le prestige de la confiance s'étend à la sphère sociale dans sa totalité. Dans les domaines tant économique, que social ou politique, on parle métaphoriquement d'*atmosphère* ou de *climat* de confiance.

Au niveau économique, la confiance jouit de la même aura que dans les relations personnelles et occupe une place tout aussi fondamentale. Aucune entreprise, aucun investissement, ne se mettrait en place « sur un fond général de défiance » !

Toute l'économie fait l'éloge de la confiance, et l'on se réjouit lorsqu'un pays ou un secteur d'activité « retrouvent la confiance des investisseurs ». Le mot « crédit », au sens étymologique, indique tout simplement que l'on croit qu'un remboursement sera honoré. Aucun crédit, donc aucun financement ni aucun déploiement significatif de l'activité, ne semble pouvoir s'établir sans la confiance, cette capacité collective à se projeter avec sérénité dans l'avenir.

À cet égard, l'un des indicateurs les plus utilisés est le fameux « indice de confiance des ménages », qui reflète « l'opinion des ménages » sur des aspects particulièrement anxiogènes de l'économie, comme l'inflation, le chômage ou la capacité d'épargne. Il est difficile de ne pas s'étonner devant une telle formulation, qui juxtapose le registre froidement objectif d'une donnée statistique et un état émotionnel intime dont la mesure paraît pour le moins hasardeuse. Cette volonté de mesurer la confiance collective illustre bien l'importance qu'on lui confère et l'ambition de mieux la comprendre, mais cet indice ne nous dit probablement pas grand-chose de ce qu'est effectivement la confiance, en raison même de son mode de calcul. Il s'apparente plutôt à un baromètre de l'humeur ambiante, toujours volatile et largement influencée par les jeux d'annonces un peu catastrophistes des médias.

La confiance jouit d'une aura dans toute la sphère sociale

Au niveau social, on parle de confiance pour désigner ce souffle qui permet de surmonter les difficultés d'un vivre-ensemble dont la formule fait encore cruellement défaut. La confiance constituerait le cadre propice à la multiplication des relations entre les diverses fractions de la société. Indispensable, la confiance serait cette force qui permettrait d'atténuer la tension qui naît des différences, de réduire les incompréhensions et de favoriser la constitution d'un lien solide, d'une société plus sereine et moins crispée sur ses clivages. À cet égard, toutes les ruptures, fractures ou dissensions qui minent le « corps social » peuvent être rattachées à un déficit de confiance : soit entre des communautés, soit entre un groupe particulier et les institutions, soit entre la population dans sa globalité et l'État.

La confiance occupe aussi un rôle central dans le discours politique, au point d'en constituer l'un des indicateurs privilégiés. Dans ce domaine, qui couronne et influence les secteurs économiques, sociaux et personnels, l'idée de confiance est omniprésente, toujours à travers la métaphore du climat. C'est ainsi que l'on espère chaque jour la mesurer par le biais d'un « baromètre de la confiance politique » et que l'on s'inquiète lorsque cette confiance « se dégrade », y voyant le présage d'un orage ou d'une tempête. L'une des principales missions que l'élu se voit confier est de tout faire pour « instituer » ou « restaurer » cette atmosphère si bénéfique, à l'instar d'un grand patron qui doit lui aussi trouver le moyen de l'insuffler à ses salariés.

La confiance : une atmosphère ?

Mais d'où procèdent ces vertus magiques conférées à la confiance, qui n'est somme toute qu'un état subjectif reflétant notre rapport au monde ? Comment peut-on instituer un tel état, quels sont les ingrédients qui contribuent à susciter, éveiller, entretenir ce sentiment, à l'échelle individuelle et collective ? La question reste ouverte.

Bien que la confiance fasse l'unanimité, elle reste cependant un horizon à atteindre, un idéal abstrait, ce qui laisse penser que son existence n'a rien d'évident et qu'elle est difficile à instaurer. Le moins que l'on puisse dire, c'est que la métaphore climatique qui lui est attachée et qui l'apparente à une forme d'atmosphère ambiante entretient la confusion et ne fournit guère de repères fiables qui permettraient de comprendre comment la produire concrètement. Après tout, ce n'est pas nous, pauvres mortels, qui pouvons faire la pluie et le beau temps ! Pour autant, cette impression d'impuissance vient sans doute de la valorisation tous azimuts d'une réalité mal définie. Au-delà de la métaphore, il faut bien admettre que la confiance n'est pas un climat, qu'elle est une réalité qui naît au cœur des relations humaines. Si elle doit s'installer, c'est donc en vertu de nos actes, comme une conséquence de gestes précis que nous serons capables d'accomplir.

Responsables, mais pas capables

Le contraste est frappant. D'un côté, une méfiance ambiante, diffuse, sournoise, hante nos relations jusque dans nos gestes les plus courants ; de l'autre, un discours dominant qui ne cesse de prôner les vertus de la confiance. Serions-nous devenus un peu schizophrènes ? Comment expliquer un tel décalage entre la puissance d'un credo collectif, qui fait de la confiance une vertu individuelle élevée et la prolifération des marques de défiance, de crainte, de prévention ?

Ce paradoxe s'exprime au quotidien, dans des situations tout à fait ordinaires et qui, en général, ne choquent plus personne. L'un des aspects les plus significatifs de cette confusion concerne la notion même de responsabilité. Plus que jamais, les notions de confiance et de responsabilité sont associées, au prix toutefois d'une redoutable ambiguïté. Étymologiquement, *res-pondeo* signifie «je me porte garant pour la chose», c'est-à-dire que j'agis avec une conscience claire des conséquences de mes actes, en m'efforçant d'intégrer leur portée éventuelle – à l'inverse d'un acte irréfléchi et impulsif.

La notion de responsabilité comporte dès lors une forte coloration juridique. Du fait que j'envisage les conséquences possibles d'une action, je dois les assumer et je peux être sanctionné si un événement dont je suis l'auteur produit des résultats négatifs. De là, le rêve d'une action aseptisée, purgée de toute forme d'incertitude. Agir en confiance, ce serait n'avancer qu'en terrain sécurisé. Mais cet idéal ne peut être atteint qu'au prix d'une négation de toute action. Pour accéder à cette forme de sécurité que nous vante un idéal de «confiance responsable», il faudrait tout simplement ne plus rien faire.

> *Plus que jamais, les notions de confiance et de responsabilité sont associées, au prix d'une redoutable ambiguïté*

Dans la sphère publique comme dans la sphère privée, on invoque et l'on déploie ainsi à loisir l'éventail de nos responsabilités. «Vous rendez-vous compte de ce qui pourrait advenir, avez-vous vraiment apprécié toutes les conséquences avant de vous engager dans une telle voie ? Vous pourriez avoir à rendre des comptes.» Tel semble être le credo commun. Le spectre du procès s'invite régulièrement dans des contextes où il n'aurait pas été possible de l'envisager jusqu'alors. Cet horizon menaçant alourdit nos gestes, leur confère une gravité potentielle et compromet des actions qui relevaient jusque-là du bon sens. Une institutrice ne peut plus prendre la responsabilité de donner un cachet à un enfant, même si ce dernier souffre terriblement et même avec une ordonnance. Les échanges les plus ordinaires paraissent grippés par cette méfiance qui sclérose en profondeur le corps social.

Un autre exemple, tiré de ma vie d'enseignant : je suis toujours étonné de voir avec quelle constance certains collègues ferment à clé leur salle de classe pendant la pause, alors qu'ils ne la quittent que pour quelques minutes, la plupart du temps sans y laisser d'effets personnels. Un jour où je soulevais la question, voici la réponseque j'ai reçue : « Tu ne te rends pas compte ! Si un élève se jette par la fenêtre en ton absence, tu pourras être tenu pour responsable. »

Mais est-ce vraiment de cette façon qu'il faut penser ? Si une telle tragédie venait à se produire, la responsabilité ne serait-elle pas davantage dans le défaut d'attention à la personne en question ? Une porte ouverte est-elle la seule cause d'un suicide ? Au lieu de nous inquiéter d'une éventuelle responsabilité juridique par négligence, si nous nous demandions : que puis-je faire concrètement face à la douleur des autres ? En quoi puis-je contribuer à donner aux gens qui m'entourent des signes de reconnaissance et d'estime de soi ? M'est-il possible de rendre le monde un peu plus habitable pour les personnes qui me croisent ? Certes, cela demande plus d'implication personnelle... En sommes-nous capables ? Ferons-nous le pari d'au moins le tenter ?

Cet exemple, emprunté à un domaine qui m'est familier, est assez représentatif d'une tendance beaucoup plus générale : une logique de la « porte close », une obsession de tout maîtriser, une propension à formaliser toutes les interactions. Conventions, précautions, hypothèses les plus tragiques encadrent désormais nos prises de décisions et nous censurons souvent nos impulsions, de peur de nous mêler de ce qui ne nous regarde pas ou d'être inquiétés en cas de problème. En un mot, nous sommes de plus en plus responsables, mais de moins en moins capables. Bien sûr, tout le monde fait mine de déplorer un tel état de fait, comme s'il s'agissait d'une fatalité, comme si ce phénomène ne relevait pas du pouvoir de tous. « C'est ainsi que vont les choses, ce n'est plus comme avant. » Pourtant, il appartient à chacun de nous de décider, geste après geste, si nous validons et aggravons la tendance ou si nous décidons de résister. Ces vers de René Char pourraient nous inspirer : « Ce qui vient au monde pour ne rien troubler ne mérite ni égards ni patience[2]. »

Aucune action n'engendre un résultat absolument certain, aucune éventualité négative ne peut jamais être totalement évacuée dès l'instant où nous nous décidons à agir, c'est-à-dire à déranger le cours des choses. Il ne suffit malheureusement pas d'envisager une conséquence néfaste pour qu'elle ne se produise pas, et ce n'est pas se montrer irresponsable que d'enclencher des processus dont les conséquences pourraient ne pas se trouver favorables si nous visons par notre acte un but supérieur. En réalité, c'est le lot véritable de toute action. Mais plutôt que de refuser d'affronter ces éventualités et de se replier dans un immobilisme stérile, au nom d'une confiance qui se réduirait à un fantasme de sécurité, on peut envisager une confiance très différente, qui consiste à compter sur l'intelligence et la liberté des autres pour nous aider à surmonter ces aléas. Laisser une classe ouverte à l'intercours, c'est parier sur les interactions favorables qui naîtront de cet espace et leur offrir la liberté de se découvrir et de s'éprouver elles-mêmes, pour le meilleur.

2

Deux « confiances » ?

Le paradoxe entre la confiance comme valeur, que tout le monde glorifie, et la confiance comme mode de vie, que personne ne pratique, révèle qu'il en existe deux conceptions différentes. Lorsque l'on parle de confiance, on emploie indistinctement deux expressions : « faire confiance » et « avoir confiance », comme si elles désignaient toutes deux la même chose. Ce n'est pas le cas.

« Avoir confiance » renvoie à un sentiment – qu'on se réjouit d'éprouver. Avoir confiance, être en confiance, c'est éprouver une impression positive et durable de force et de sécurité.

« Faire confiance », pour sa part, désigne un acte. En posant un acte de confiance, nous prenons un risque, nous ouvrons une relation et un temps marqués par l'incertitude. Faire confiance relève ainsi d'une attitude plus périlleuse, ouverte aux autres, sur un futur encore loin d'être écrit, à mi-chemin entre le pari et la naïveté.

Faire confiance : un geste qui expose

Avoir confiance est un sentiment agréable. C'est un indice de sécurité. Se sentir confiant, c'est éprouver la confortable certitude que les choses vont me sourire, que l'issue d'un problème sera favorable, que les risques sont donc moindres. Comme tout sentiment, la façon dont il naît et se déploie reflète mon rapport au monde qui m'entoure : la confiance est donc en partie incontrôlable. Un sentiment se produit en moi sans que je le maîtrise, ce qui revient à dire que je le subis et qu'il n'est pas entièrement en mon pouvoir de le faire naître.

Avoir confiance renvoie donc à un état de sérénité éprouvé dans notre relation au monde, qui nous porte à considérer que ce qui est susceptible de nous atteindre s'accordera avec nos attentes et nos intérêts les plus profonds. Qu'il s'agisse des forces à l'œuvre dans la nature, des actions que les autres accomplissent autour de moi ou tout simplement de mes propres agissements, se sentir confiant, c'est ne pas douter que de tout cela naîtra quelque chose de favorable.

Pour le dire autrement, avoir confiance, c'est éprouver un sentiment d'appartenance, qui me porte à percevoir le monde comme un espace familier, où j'ai raison de me sentir « chez moi ». Tout y concourt à ma satisfaction, et si une surprise vient à se produire, nul doute qu'elle trouvera, au final, une place dans un schéma d'ensemble résolument positif. Sous l'influence d'une telle impression, le monde apparaît ainsi stable, lisible, comme un espace dans lequel il est possible de se projeter, de s'engager. En revanche, faire confiance relève d'un tout autre registre. Cette expression ne désigne ni une impression, ni un sentiment, mais une prise de position concrète, irréversible, par laquelle je m'en remets à quelqu'un pour effectuer une action que je ne peux ou ne veux pas accomplir moi-même.

Il est parfaitement envisageable de faire confiance à quelqu'un que l'on ne connaît pas, voire envers qui on n'éprouve aucun sentiment positif, par exemple dans une situation d'urgence. Si je m'effondre dans la rue, victime d'un malaise, je pense que le premier geste de solidarité sera bienvenu, même s'il émane de quelqu'un que je n'apprécie pas, voire je ne connais pas. Je m'en remettrai donc à cette personne, indépendamment de mes dispositions son égard. Contrairement à la force tranquille que l'on possède lorsqu'on « a confiance », on assume, quand on « fait confiance », une indéniable incertitude. Bien loin d'aménager une zone de calme, de repli, l'acte de faire confiance institue une fragilité qu'il est vain de prétendre réduire totalement. C'est un geste qui nous expose bien plus qu'il ne nous protège.

> *Contrairement à la force tranquille que l'on possède quand on « a confiance », on assume, quand on « fait confiance », une indéniable incertitude.*

L'ambiguïté entre ces deux formules est loin d'être anodine, car elle incite à confondre deux univers très différents, et peut-être même incompatibles. Dans le *sentiment d'avoir confiance*, ce qui est attractif, c'est le confort, l'impression de sérénité, qui me laisse penser que je suis à l'abri. C'est donc un sentiment très centré sur soi, qui porte à se prémunir contre tout ce qui pourrait relever de l'incertitude. Un tel sentiment nivelle par avance toutes aspérités de ce qui peut nous arriver : le temps et la vie s'immobilisent dans une douce léthargie. À l'inverse, dans l'*acte de faire confiance*, ce qui donne de la valeur aux choses, c'est l'audace et le panache qu'il y a à braver l'incertitude, à risquer, à projeter activement nos rêves dans le monde réel, sans imaginer que notre vie se déroulera sans effort, sans risque, sans les autres. Faire confiance, c'est risquer.

Pourtant, certaines expressions prétendent réconcilier ces deux visions, au prix d'une ambiguïté très préjudiciable.

Le « contrat de confiance » ou la confiance obligée

Dans un slogan bien connu : « le contrat de confiance », la confusion des genres est manifeste. Lorsque je souscris un contrat, la sécurité, le confort auxquels je prétends et dont on me vante les mérites proviennent précisément du fait que la partie adverse est tenue de respecter son engagement, sous peine de s'y voir contrainte, selon les clauses de non-respect mentionnées en toutes lettres dans le contrat. Mais si j'exige de quelqu'un qu'il formalise son engagement par le biais d'un contrat, n'est-ce pas un indice très clair que *je ne lui fais pas confiance* ? Car ce qui le conduira à tenir parole, c'est la menace d'une pénalité, et non le respect de son engagement.

La multiplication actuelle des contrats et autres conventions en tout genre marque une incapacité croissante à s'en remettre à la parole des autres, à faire confiance. La force – et l'imposture – de cette formule, c'est de flatter le penchant général à la méfiance tout en faisant miroiter une sécurité auréolée du prestige de la confiance. En fait, ce pseudo-contrat de confiance ne signifie rien de plus que ceci : « N'hésitez pas à recourir à mes services, car de toute façon je serai contraint de faire correctement le boulot, sinon je risque des sanctions… » De quoi faire rêver, en effet !

« La confiance n'exclut pas le contrôle »

Dans un registre un peu différent, cette expression attribuée à Lénine mélange faire confiance et avoir confiance, pour donner une assise à un pouvoir. Il est en effet intéressant de se demander quel rapport existe entre le pouvoir et la confiance.

Au niveau politique, mais aussi dans la sphère économique ou managériale, cette formule repose elle aussi sur un paradoxe. Il s'agit ici de faire confiance, c'est-à-dire de déléguer une partie de son pouvoir à d'autres : c'est la base du système représentatif, dans lequel le peuple confie le pouvoir à celui qu'il a élu. Cette perspective comporte une part irréductible d'incertitude.

L'action qu'accomplira celui à qui je confère ce pouvoir ira-t-elle dans le sens que j'attends ? Je ne le saurai qu'après coup, en observant les actes de celui que j'ai élu. Ce dernier peut très bien ne pas tenir ses promesses, soit parce qu'elles étaient mensongères, soit parce que l'épreuve du réel l'a contraint à agir autrement.

Cela ne s'applique pas que dans le domaine politique : en amour, est-ce que je fais confiance à la personne qui m'a promis fidélité quand je surveille son téléphone portable ? En famille, est-ce que je fais confiance à mon enfant que j'ai autorisé à sortir si je l'ai équipé d'un système de géolocalisation ? Prétendre qu'il est possible de faire confiance tout en contrôlant revient à affirmer qu'il est possible de prendre des risques en toute sécurité. C'est une illusion. L'alternative est très simple : soit je « fais confiance », et je confère à l'autre un pouvoir dont l'usage m'échappera, puisque je lui laisse une vraie marge d'action ; soit je conserve le contrôle de la situation, et alors il semble impossible de parler de confiance.

Si je me confie sincèrement à un ami, comment être sûr qu'il saura veiller sur mon secret ? Mais si je ne lui dis pas tout, il est difficile de parler de confiance. De même, quand je laisse carte blanche à quelqu'un, comment puis-je prétendre que je garde le contrôle de tout ce qui s'écrira ? Mais si cette carte blanche est en réalité gribouillée de toutes parts par une série d'attentes, qu'elle comporte des passages obligés, des tracés préalables, peut-on encore parler de confiance ? Il s'agit plutôt d'une feuille de route.

« Je vous fais confiance ! »

Il est vrai que faire confiance, c'est prendre des risques. La tentation est toujours puissante de faire marche arrière pour garder la main sur la tournure que pourraient prendre les événements. La manifestation la plus ordinaire de cette tentation est ce que l'on pourrait appeler le « paternalisme », une perversion de la confiance qui se retrouve dans tous les domaines où il est question de déléguer un pouvoir. La sphère familiale, l'éducation, l'économie et la politique offrent ainsi des variations savoureuses sur ce thème. Le paternalisme, forme de tutelle très douce, donne ainsi l'image d'une confiance bienveillante, dont on constate assez rapidement qu'elle n'est accordée que sous conditions. Le paternaliste aime les paliers, les étapes, les demi-niveaux, qui sont autant de manière de diluer le pouvoir octroyé et de refuser de s'ouvrir sur la liberté de l'autre.

«J'ai confiance en vous, de plus en plus même, mais il ne faut pas brûler les étapes, je ne peux pas encore vous confier de telles responsabilités. En attendant, faites déjà vos preuves au niveau où je vous attends. En revanche, continuez ainsi (à vous soumettre), persévérez (dans votre soumission) et viendra le moment (dont je resterai indéfiniment le décideur) où vous serez prêt.» Cette prétendue confiance progressive réduit en réalité le subordonné à un simple exécutant.

Il y a sans doute beaucoup de domaines où la patience, la discipline, l'apprentissage sont de mise et laissent augurer de belles satisfactions. Mais le dirigeant paternaliste maquille sa frilosité, son refus de faire une vraie place à l'initiative sous un langage positif. Il est adepte des «petites missions», qui sont plus un moyen de tester la soumission de l'autre qu'une invitation à manifester sa valeur. Le paternalisme impose une logique du test, de la mise à l'épreuve, conçus comme autant d'étapes indispensables. Ce faisant, il néglige une grande partie des compétences de celui sur lequel il s'exerce.

Une telle manière de diriger est aux antipodes du véritable faire-confiance, qui ouvre grand le champ des possibilités.

D'aucuns diront que le paternalisme est réaliste, qu'il est la seule solution possible. Mais un authentique faire-confiance a toute sa place dans la sphère économique. Certaines entreprises, par exemple, appliquent un modèle radicalement opposé, où la parole, l'intelligence et les propositions de chaque salarié sont considérées comme une source permanente d'amélioration. Chacun des employés est invité à faire part de ses analyses et à se constituer moteur de proposition et d'innovation.

La formule «Je vous fais confiance» vise surtout à imposer un devoir de réussite, à faire pression sur l'autre pour que ses actions aillent dans le sens que l'on veut. On souligne avec insistance l'étendue de ses responsabilités, on lui répète à quel point nos intérêts sont entre ses mains, à quel point nous sommes tributaires de ses gestes. Pour toutes ces raisons, il a tout intérêt à réussir – c'est même une obligation.

Cela revient à détruire la confiance que nous prétendons avoir mise en place. Un peu comme on anéantit la beauté d'un cadeau quand on en indique le prix! Enfermer quelqu'un dans une obligation de réussite, c'est lui refuser l'erreur, l'échec, la surprise et tout effet de sa liberté. Faire vraiment confiance, c'est offrir sa fragilité à l'autre sans le lui dire, sans insister. Une telle discrétion expliquerait peut-être que ce geste soit si difficile à cerner…

3

La confiance, en pensée ou en action ?

Faire confiance, avoir confiance… Vous jouez avec les mots, vous jouez au philosophe, me direz-vous. Je plaide coupable. Faire de la philosophie, c'est observer le sens des mots, afin d'en déceler les ambivalences et dénicher les zones d'ombre que leur usage courant peut entretenir. Un tel exercice est trop souvent assimilé à un jeu gratuit, déconnecté du réel. Mais le diable est souvent dans les détails : une fois que l'on s'est penché sur la différence entre avoir confiance et faire confiance, on se rend compte de son impact sur notre vie de tous les jours, car elle nous pousse à nous demander si oui ou non nous sommes en mesure de contribuer concrètement, par nos actes, à instituer cette atmosphère sereine que nous appelons de nos vœux.

Faire de la philosophie, c'est dépasser les simples constats d'échec (« La confiance a disparu, mon bon monsieur ») et se demander comment initier des solutions. Ce n'est pas du défaitisme ni du scepticisme. Comme l'a si bien remarqué le philosophe Emmanuel Kant, le sceptique, celui qui croit qu'il ne faut rien croire, est une figure bien inutile, puisque l'immense étendue de sa compréhension des choses le conduit à une impasse où il nous laisse « sans secours ». Sa contribution se révèle toujours lumineuse mais désespérément pauvre.

Notre rôle est donc de nous interroger sur la manière dont naît concrètement la confiance, sur ce qui lui permet de s'établir dans le temps.

Le piège de l'attentisme

L'une des impasses les plus courantes est de considérer que le sentiment de confiance doit précéder les actes d'engagement. Selon cette approche, on ne devrait s'autoriser à prendre des risques, à parier, à oser, que dans un contexte qui offrirait suffisamment de garanties autorisant à penser que tout se passera bien. Il vaudrait donc mieux attendre, laisser passer l'orage et réserver son courage pour des temps plus propices. Cette vision s'appuie souvent sur l'illusion qu'un âge d'or aurait déjà existé et qu'il a malheureusement disparu. Attendons que les choses s'arrangent pour recommencer à faire confiance : « Vous voyez bien que ce n'est vraiment plus possible en ce moment. » Ce qui va de pair avec une forme de scepticisme. Dès le moment où je considère que c'était plus facile avant, je me résous au prétexte de la résignation et du repli, tant sur le plan personnel que sur le plan politique.

Car cet attentisme est omniprésent dans la manière d'appréhender la chose politique. On entend souvent les gens se plaindre « des politiques », d'une prétendue rupture entre « eux » et « nous » qui rendraient les élus sourds aux demandes du peuple, des « petites gens ». Sans nier que certaines élites puissent pécher par arrogance, il faut remarquer ce qu'il y a de réducteur et peut-être d'assez confortable dans cette analyse. Le fait d'élire quelqu'un ne nous condamne pas à « attendre de voir ce qu'il fera », depuis notre tranquille immobilité, pour fustiger ensuite le moindre échec, la moindre promesse non honorée, et y voir la confirmation de cette incompétence généralisée de nos représentants. La dimension citoyenne ne s'épuise pas dans le seul fait de voter. Toute confrontation un peu sérieuse avec l'adversité, dans le registre de l'engagement, qu'il soit associatif ou culturel (et donc déjà politique), nous rend nécessairement plus humble vis-à-vis de ce que nos décideurs doivent affronter. Agir, en effet, c'est toujours éprouver à quel point la réalité déjoue nos pronostics et nous met en défaut, ce qui peut nous rendre plus cléments dans les jugements que nous portons sur l'action des autres. Mais agir, c'est aussi découvrir que nous sommes capables de victoires, modestes mais savoureuses, porteuses d'espoir et qui nous indiquent de possibles lignes à suivre.

Considérer que c'est le sentiment général de confiance qui doit précéder les actes d'engagement conduit à une impasse

L'attentisme, en politique comme dans la vie courante, est un mélange de passivité (c'est à l'autre de s'occuper de moi), d'arrogance (c'est l'autre qui a des obligations envers moi, mais la réciprocité n'est pas vraie) et de subjectivité (l'autre est « gentil » ou « méchant »). Mais chacun de nous détient une part de pouvoir, qu'il peut employer à façonner des petits morceaux de réalité, à constituer des mondes alternatifs certes circonscrits, mais dont le poids et la valeur ne doivent pas être sous-estimés. C'est la totalité de ces énergies discrètes et pourtant tenaces qui constitue le socle politique, et il est peut-être un peu facile de ne pas oser agir, sous prétexte que tout serait déjà pourri. Il ne faut pas sous-estimer les conséquences d'un tel pessimisme, qui s'insinue dans l'esprit des générations à venir, persuadées de connaître un milieu dont elles ignorent tout, tirant d'avance un trait sur la dimension d'engagement de leur existence.

Commençons par faire confiance

À défaut de conclure que le sentiment de confiance a définitivement déserté notre société et de déplorer qu'il n'est plus temps de faire confiance, il faudrait inverser la formule. N'est-ce pas l'action même de faire confiance qui est première, fondatrice, et qui doit être prise comme référence ? N'est-ce pas la somme de toutes nos prises de risque, de nos paris, de nos engagements, de nos *actions*, qui jette une lumière nouvelle sur les choses et construit ce *sentiment* que nous appelons confiance ? Ainsi, chacun retrouve sa part active dans la construction du monde qui l'entoure.

Au lieu de nous contenter d'une déploration, qui s'apparente souvent à de la paresse et nous condamne à une attente déprimante, faire de nos actes de confiance le point de départ, c'est inviter à une aventure, à une exploration, dans lesquelles l'incertitude n'est plus un problème, mais le terrain de toutes rencontres effectives, jubilatoires et constructives de la réalité et des autres. C'est en faisant confiance, au sens fort de cette expression, que l'on produit du sens, de la valeur, de l'estime de soi et des autres.

Une attitude conquérante

Oser faire confiance, donc, c'est remettre l'incertitude à sa juste place, la plus savoureuse, celle qui fait qu'il y a des espaces à conquérir, des victoires à remporter, des rencontres à vivre, des expériences à tenter, même si certaines échouent. C'est échapper au fantasme mortifère et soporifique d'un parcours privé de surprises, sans virages, sans heurts, sans changements de cap, qui sont autant d'occasions de déployer d'improbables vertus, qui risquent, sinon, de demeurer insoupçonnées. C'est enfin se réconcilier avec une réalité que l'on ne rencontre jamais aussi parfaitement que lorsqu'on ose la bousculer, découvrant, au cœur même de sa résistance, que souvent elle sait se plier à la force lumineuse de nos envies.

Pour s'en convaincre, il faut cependant dépasser un certain nombre de réticences et d'approximations qui ont la vie dure, et mettre en lumière les multiples vertus de cet acte si puissant dont nous sommes tous capables.

4

L'art d'être naïf

Comme nous l'avons suggéré plus haut, l'acte de faire confiance peut être rapproché de la notion de crédit. *Credere*, étymologiquement, c'est croire en quelque chose, en une idée ou une personne. *Fideo*, littéralement «J'ai foi», racine du mot confiance, suggère que l'on a foi en une issue favorable pour une chose donnée. Toute croyance, parce qu'elle ne se fonde pas sur des données toutes explicables, parce qu'elle présente un défaut de rationalité, porte en germe un soupçon de crédulité. On considère souvent qu'être naïf, c'est adhérer trop fortement à une idée ou à une personne qui ne le mérite pas. La réticence qui empêche aujourd'hui de faire confiance provient de cette frontière ténue qui sépare la crédulité de l'espérance légitime. Le crédule est celui qui fait confiance trop facilement, à tout le monde, la plupart du temps sans mesurer les dommages qu'une telle vulnérabilité ne manquera pas de lui causer. Il est la figure de celui qui «se fait avoir», qui se fait «mener en bateau», en raison de son incapacité à se protéger suffisamment.

Notre époque s'annonce volontiers comme une ère de la maturité et de la raison, guérie de toutes les idéologies qui ont pu enflammer notre passé. L'Histoire semble avoir montré à quel point il est préjudiciable de baisser la garde face aux séductions que peuvent exercer sur les masses les grandes idées, dont la mise en œuvre et le déploiement ont causé tant de dommages et de désillusions. Croire, c'est-à-dire franchir l'abîme de l'incertain sans exiger de preuves, de gages solides, apparaît comme l'indice incontestable d'une faiblesse de caractère, d'un défaut d'esprit critique. Faire confiance serait donc l'affaire des imbéciles ou des idiots.

L'erreur des désenchantés

Les temps sont plutôt au cynisme, qui impose en toutes circonstances son «réalisme» désabusé et implacable, se fait fort de deviner partout les intérêts cachés, de dévoiler l'envers peu reluisant du décor, d'insinuer le doute et la réserve. Cette prétendue lucidité contribue à disqualifier par avance toute forme d'exposition de soi insuffisamment calculée, car nous serions alors, d'une manière ou d'une autre, victime d'un contexte sur lequel nous aurions perdu prise. Aucun domaine n'est épargné par cette triste clairvoyance. «C'est malheureux, mais c'est comme ça.» Aucun relâchement n'est autorisé et il n'y aurait plus aucun espace d'abandon envisageable. La vigilance est donc de mise et il est de bon ton de ne pas être dupe, de ne pas se «laisser avoir».

C'est ainsi que chacun prétend comprendre la marche cachée des choses, en mettant à jour le règne implicite de l'intérêt personnel en tous lieux, disqualifiant toute vocation, contestant toute sincérité, au nom d'une intelligence implacable des situations. Chacun se fait fort de disposer d'une vision claire, dépassionnée et froide, dont l'illusion est totalement absente. On prétend savoir «à quoi s'en tenir», ce qui revient à penser qu'il faudrait se garder d'afficher trop d'enthousiasme, de s'engager avec une «fraîcheur» excessive dans le moindre projet, sauf à risquer toujours de se heurter aux dures «réalités», dont l'ombre suffit à refroidir les élans les plus vifs. Nous adoptons ainsi la tristesse désenchantée comme ligne de conduite.

La vie nous réserve pourtant de belles surprises et nous prouve parfois que nous avons raison de compter sur les autres, même dans les moments où nous doutions le plus. À une période où ma carrière était menacée par un différend, alors que mon troisième enfant venait de naître et que je me lançais dans l'achat d'une maison, on m'a annoncé, sur le ton de la triste lucidité : «Tu vas connaître une traversée du désert.» Au contraire, j'ai fait l'expérience improbable d'un soutien tenace, courageux, d'une mobilisation dont je n'aurais même pas soupçonné l'ampleur et la fermeté. Je m'en suis remis à l'ensemble de mes collègues de travail, qui ont pris ma défense dans un contexte difficile. Cette démonstration de solidarité a pesé lourd dans l'issue favorable du litige. J'ai été littéralement porté par la force de la volonté unie d'un ensemble d'individus résolus à ne pas céder.

> *Le cynisme n'a que l'apparence de la vérité, car il néglige la singularité des contextes et des personnalités*

Le cynisme n'a donc que l'apparence de la vérité. Il prétend savoir lire dans les situations les plus complexes, car il mobilise, pour les interpréter, les ingrédients les plus intemporels (sous forme de généralités, comme «On ne peut compter que sur soi»), mais néglige la singularité des contextes et des personnalités.

Or, il faut reconnaître que faire confiance, c'est prendre le contre-pied de cette invitation à la vigilance désenchantée. C'est s'en remettre à quelqu'un, à son pouvoir, à ses capacités, à sa liberté. Il s'agit d'un geste concret par lequel je crée sciemment une situation de pouvoir dans laquelle je me destine à occuper une position d'infériorité. Faire confiance, c'est installer un état de fragilité, de vulnérabilité dont j'aurai à assumer les conséquences.

C'est sur ce point précis que s'articule la distinction entre l'*acte* de faire confiance et le *sentiment* de confiance. Quand je *fais* confiance, l'état qui est instauré n'offre aucune sécurité, aucun confort particulier. Bien au contraire, c'est l'acte même de faire confiance qui crée le danger.

Confiance et confidence : choisir la vulnérabilité

Tant que je ne livre pas, tant que je ne m'expose pas, je suis hors de portée, et si l'autre peut m'atteindre à un moment donné, c'est précisément parce que je lui en donne l'opportunité en lui confiant cette puissance. Le simple fait de livrer une information intime ou une considération personnelle à quelqu'un, par une banale parole, me fait quitter la confortable maîtrise que m'offrait la conservation silencieuse de cette information.

En me confiant, j'ouvre une perspective nouvelle, dans laquelle il ne me sera plus possible de garantir tous les déploiements de ce propos que je communique. Mon confident saura-t-il en faire bon usage, en protéger l'origine, ne pas en pervertir le sens ? Puis-je être sûr qu'il n'exploitera pas ces informations contre moi, pour son propre intérêt ?

Dans le champ des relations affectives, cette utilisation dévoyée n'est en effet pas rare.

Faire confiance, c'est assumer la responsabilité de ce qui adviendra

Se livrer, c'est ouvrir le champ d'une vulnérabilité qui n'existe que par cet acte de parole, c'est s'exposer à une force dont la réalité naît précisément de l'ouverture que je concède ainsi. Mais pourquoi créer les conditions de sa propre fragilité si rien ne nous y contraint ? Comment aborder sereinement l'idée d'être à l'origine de sa propre mise en péril ?

Car il faut remarquer qu'on ne parle pas de faire confiance lorsqu'il s'agit de petites choses, de gestes ou de sujets sans enjeu. On parlera tout au plus de « rendre service », ce qui ne revêt pas la même importance. Faire confiance, c'est engager une part essentielle de soi, exposer à la puissance de l'autre des pans entiers de son identité, parfois tout simplement sa vie, et de manière irréversible.

Échappant à mon contrôle, le processus qui s'enclenche à partir de cet acte entraîne des conséquences que je serai tenu d'assumer. Faire confiance, c'est donc délibérément lâcher prise sur ce que j'ai de plus cher, sur des aspects cruciaux de mon existence, en assumant la responsabilité de ce qui adviendra.

La confiance comme une naissance

Je garde le souvenir du malaise profond qui m'a envahi à l'arrivée de l'anesthésiste dans la salle de travail, à la naissance de mon deuxième enfant : un bel exemple de situation où ce n'était pas moi qui maîtrisais la situation... Au milieu de la nuit, sous l'effet des émotions qui accompagnent nécessairement un tel instant, la perspective du geste qu'il était venu effectuer – la pose (très ordinaire pour lui) d'une péridurale – me donnait le vertige ; j'étais submergé par l'angoisse devant mon impuissance. Notre petit chemin de vie ne pourrait suivre son cours paisible que par l'intermédiaire de cet inconnu, sans qu'il soit possible de faire autrement. Mais l'aiguille qui allait être placée entre les vertèbres de ma femme était si démesurément grande !

Jamais le sens de cette vulnérabilité ne m'est apparu aussi intolérable. Sentir son « monde » suspendu à un si petit geste, tributaire d'un faux mouvement qui pouvait être provoqué par une contraction soudaine, et accepter pourtant que, dans un intervalle si bref mais qui paraissait une éternité, nos destins transitent par les mains de quelqu'un d'autre. Et tandis que je commençais à me sentir mal, ce qui était vraiment le comble vu le contexte, l'anesthésiste, habitué à ce genre de défaillances, m'a demandé si je voulais sortir. «Il est assez fréquent, me dit-il alors, de voir les pères s'évanouir à ce moment précis…» Faire confiance peut donc exiger des efforts contraires à ce que nous disent nos tripes et nos émotions. Cela peut nous conduire à devenir, pour un temps indéterminé, spectateur de sa propre vie, à renoncer à en être l'agent direct, à accepter que des actes essentiels se jouent sans notre contribution, ce qui impose un vertige et une frustration à notre volonté de tout maîtriser.

C'est la raison pour laquelle faire confiance est souvent une démarche ultime, qui n'est envisagée que dans des situations où l'on ne peut vraiment pas faire autrement, où l'on doit lâcher prise… pour la simple raison que l'on n'a aucune de prise sur les choses. À l'inverse, oser donner un tel pouvoir sur soi aux autres, alors qu'aucune contrainte suffisante ne l'exige, peut apparaître comme l'indice certain d'une inconséquence, un signe de légèreté. Comment un parfait inconnu pourrait-il se montrer digne de ces éléments si fondamentaux que je place sans raison entre ses mains ? Pourquoi ne pas s'occuper soi-même de ce qui a autant d'importance ?

Sancho Panza : un naïf ?

Le symbole le plus éclatant de cette crédulité, de cette prétendue faiblesse, est incontestablement Sancho Panza, le célèbre écuyer de Don Quichotte. L'image commune que l'on retient de ce personnage de Cervantès est celle d'un paysan naïf se laissant détourner d'une vie bien établie, rythmée par les nécessités de sa famille et de ses terres, pour suivre un parfait inconnu qui se proclame un beau jour chevalier et invite son humble voisin à se joindre à l'aventure. C'est un Don Quichotte bien peu crédible, en effet, qui vient proposer à Sancho de le suivre : son improbable équipage ne fait guère illusion sur les gens qui croisent leur route, lesquels comprennent vite à qui ils ont affaire.

Il est tentant de voir en Sancho l'incarnation de cette naïveté qui conduit à d'amères désillusions. Il est vrai que l'homme semble négliger toutes les occasions qui lui sont offertes d'ouvrir les yeux sur son maître. La tenue rocambolesque, les hallucinations, les conséquences douloureuses des échauffourées qu'il provoque et dont Sancho pâtit toujours un peu plus, l'incapacité évidente de Don Quichotte à tenir sa promesse de faire de son écuyer le gouverneur d'une île… rien ne parvient à le ramener à la réalité. Sancho reste aveugle, se laisse toujours persuader aisément et n'arrive jamais tout à fait à désespérer complètement. À en juger par ce périple, faire confiance reviendrait, comme le pauvre Sancho, à voir piétiner la fragilité ainsi offerte quand il vaudrait mieux s'ingénier à la préserver de tant d'atteintes inutiles.

Pourtant, ce serait faire de *Don Quichotte* un conte moral qui condamnerait tout déni de la réalité, en soulignant avec quelle violence celle-ci sait se rappeler à ceux qui lui tournent le dos. Mais tel n'est pas le sens de ce roman, et il faut reconnaître que nous aimons ses deux héros et que la faveur que nous leur accordons tient plus à ce que leur périple nous dévoile de la nature humaine qu'à la morale cachée que certains attribuent à ce roman baroque. Qu'est-ce qui nous plaît autant dans cette épopée improbable qui résiste à toute interprétation platement moraliste ?

Sancho Panza : un maître de vie

Un propos de Jacques Brel, dans une interview donnée alors qu'il interprétait le rôle de Don Quichotte au théâtre, en 1968, nous donne un premier élément de réponse : « Tout le monde est Don Quichotte… je crois… tout le monde a ce côté-là… du moins, je le souhaite. J'en suis certain. Tout le monde a un certain nombre de rêves dont il s'occupe… La phrase importante est : "Et la folie suprême n'est-elle pas de voir la vie telle qu'elle est, et non telle qu'elle devrait être ?" C'est un triomphe du rêve. Qu'il gagne ou qu'il ne gagne pas, le rêve gagne toujours[3]. »

Si Don Quichotte et Sancho nous sont aussi familiers, c'est parce qu'ils sont bien plus qu'une distraction, bien plus qu'un rêve. Ils incarnent quelque chose de profondément réel, en grande partie grâce à Sancho. Loin d'être une figure secondaire passivement ballottée, il est celui qui renouvelle systématiquement sa confiance à Don Quichotte, avec une ténacité déconcertante, contre toutes les évidences. Ce faisant, c'est bien lui, Sancho, qui fait entrer Don Quichotte dans le réel, crée un passage, donne un peu de substance à celui qui, sans ce geste, serait resté un pauvre fou enfermé dans son délire.

Brel a sans doute raison de définir chaque homme comme un rêveur, débordant toujours du cadre et des limites qu'impose la réalité, en proie à une obsession intime et irrépressible. Mais si le rêve peut gagner, comme le suggère Brel, c'est précisément au moment où il devient visible pour un autre, parce qu'alors il quitte la sphère de l'illusion pour devenir quelque chose d'autre. En assumant le rôle de cautionner Don Quichotte, Sancho incarne la dimension fondatrice de l'acte de faire confiance. Faire confiance, c'est décider que l'autre, les autres peuvent être réels, avec tout ce qu'ils ont d'un peu fou ou de rêveur, et peut-être même que cette part de rêve et de folie en eux est ce qui en fait des êtres humains. C'est un geste créateur, premier, central, qui conteste en quelque sorte la réalité donnée pour imposer l'urgence d'une réalité humaine.

L'homme est un être qui doit croire pour que les autres existent. Voilà ce que Sancho pressent. Quand on suit de près le périple des deux comparses, on se rend compte que Sancho est beaucoup moins naïf qu'on veut bien le dire. Ses analyses sont toujours lucides, pleines de bon sens et de justesse. La plupart du temps, il ne subit pas les hallucinations de son maître et n'y croit d'ailleurs pas vraiment. Il est souvent critique, n'hésite pas à faire preuve d'une distance amusée envers la folie de Don Quichotte. C'est d'ailleurs lui qui, au terme d'un des épisodes les plus fâcheux de leur entreprise, propose de le rebaptiser « chevalier à la triste figure », non sans flirter avec le mécontentement réjoui de Don Quichotte.

Sancho incarne cette puissance de l'acte de confiance à créer un espace humain où la sortie de la solitude est enfin possible

Et malgré tout ce bon sens, il *décide* de prêter vie aux fantasmes de Don Quichotte, de leur offrir un terrain d'expression et d'étayer cette étrange énergie dont est animé son maître.

Le personnage de Sancho Panza génère donc plusieurs lectures. On peut insister sur cette crédulité répétitive, cause de bien des dommages, ou préférer souligner l'élégance de ce geste d'ouverture à autrui, qui ne préjuge pas ce qu'il doit en retirer. Élégant parce que *possible*, mais non *nécessaire*. En définitive, c'est moins le rêve de Don Quichotte qui vient se fracasser sur la réalité que l'inverse. Un certain réel, celui du repli sur soi et du manque d'imagination, s'épuise et s'use à se frotter contre le roc de cette amitié profonde et complice, non dénuée d'humour et de fantaisie, qui attache si fermement les deux personnages.

Sancho incarne cette puissance de l'acte de confiance à créer des « mondes », si par « monde » on entend un espace humain où la sortie de la solitude est enfin possible. Il y a toujours beaucoup de bonnes raisons de s'en tenir à soi, de refuser l'ouverture sur les autres qui nous apparaissent toujours si éloignés de nos préoccupations. Il faut au contraire une véritable audace pour parvenir à s'extraire de soi, de son propre cadre, dont on a tort de penser qu'il constitue la seule réalité.

5

Soyez réalistes,
soyez confiants !

Si nous nous montrons réticents à faire confiance, c'est parce que nous réduisons ce geste à de la crédulité. Mais on ne saurait le limiter à une simple faiblesse de tempérament. Faire confiance est un acte, une décision claire prise en toute conscience. Malgré la fragilité qu'il occasionne, il est loin d'être superflu. Comme le montre si bien *Don Quichotte*, la vulnérabilité dans laquelle Sancho se place est en grande partie volontaire, et même si elle occasionne mésaventures et souffrances, elle est la condition nécessaire d'une amitié hors du commun.

À trop focaliser sur l'inconfort de la fragilité, on oublie qu'elle est le milieu indispensable à toute interaction, à toute rencontre effective. Rencontrer quelqu'un, au sens fort du terme, c'est laisser à son « monde », à la singularité de son approche du réel, une chance de déborder, de franchir ses frontières. Sans cela, nous sommes condamnés à demeurer dans une coexistence peu savoureuse, comme des droites parallèles.

Sancho décide chaque fois de redonner du crédit à Don Quichotte, malgré sa clairvoyance. Loin d'être idiot, il est celui qui accepte de mettre momentanément entre parenthèses l'évidence de ses réflexions (« Cet homme est fou ») pour offrir à son maître une nouvelle marge d'action, qui renforce toujours un peu plus le lien entre eux, indépendamment du succès ou de l'échec de leur entreprise.

Deux conceptions du réel se trouvent par conséquent mises en opposition dans l'histoire de cette amitié épique. L'idée la plus convenue définit la réalité comme un ensemble de contraintes qui nous imposent des limites infranchissables, définissant ainsi un ensemble de conduites et de comportements censés se conformer à ces limites. En nous imposant de nous calquer sur ces limites pour orienter nos existences, le « réalisme » serait alors l'option de vie la plus sage, la plus raisonnable.

Cette lecture, qui se pose toujours d'emblée comme la plus légitime, contribue à façonner le cadre général de ce que nous considérons comme « normal ». Ce réalisme invite donc à une certaine humilité en nous faisant prendre conscience que nos actions sont tout simplement dictées par un objectif de pure survie en environnement hostile. C'est la vie du Sancho d'avant Don Quichotte, un honnête et modeste individu, occupé à accomplir toutes les tâches indispensables à sa subsistance et à celle de sa famille, régi par un impératif d'utilité. Un homme sans histoires.

Une autre conception du réel et de la vie existe cependant. C'est celle qui s'établit peu à peu, au gré des aventures successives de nos deux héros. L'organisation des conditions de notre survie ne remplit pas tout à fait le champ des possibles. De fait, il est absurde de considérer que le but de nos vies, c'est seulement de survivre. Ce serait une vie bien incomplète et peut-être tout simplement invivable. Car une existence de « métro-boulotdodo » ne peut nous contenter si l'on ne vise qu'à survivre en évitant d'être blessé. C'est là une vie terriblement répétitive et morne. C'est même une vie dramatiquement solitaire.

L'attitude de Sancho montre qu'il est essentiel, pour rencontrer quelqu'un d'autre que soi, de donner de la consistance à notre rapport avec les autres. Pour y parvenir sans se contenter de regarder ensemble dans la même direction, sans se croiser vraiment, il faut court-circuiter ce schéma utilitaire dans lequel la confiance n'a aucune place. L'ouverture aux autres n'offre pas, loin s'en faut, une prise aussi ferme que le rapport que nous entretenons aux choses ordinaires. Il y a une part de non mesurable, d'imaginaire, de fantasme, d'incertitude et de folie, sans doute, mais c'est le prix à payer pour construire une autre réalité, tissée par l'enchevêtrement de nos liens affectifs et qui ne peut s'établir qu'au prix d'un saut, d'une mise en péril de soi, pour déjouer les priorités ordinaires de l'existence humaine. Même si elle semble plus abstraite, cette seconde réalité dispose d'une effectivité incontestable et s'avère plus riche que la première. C'est en elle que peut se loger quelque chose comme le sens d'une existence.

Adresser une première parole

Une règle tacite voudrait nous faire admettre que ce geste ne peut se justifier que par l'utilité, sous une forme ou une autre : le besoin, l'urgence, l'intérêt. Demander son chemin ou l'heure constitue les formes tolérées de cette incongruité qui nous fait nous imposer dans l'univers d'une autre personne. La restriction de notre champ relationnel est cependant inévitable avec un tel principe.

Toutes les infractions à cette règle, toutes les invitations à partager un temps de parole, comme ça, sans raison, juste parce qu'on est présent, tout cela révèle à quel point tous ceux qui nous entourent sont porteurs de sens, de surprise, de bienveillance. À cet égard, la forme la plus basique, et non la moins importante, du faire-confiance tient dans cette ouverture de la parole initiale, qui m'offre, m'expose, me manifeste à l'existence. Ce qu'une très belle formule de Nietzsche suggère avec simplicité : « Comme il est plaisant qu'il y ait des mots et des sons. Mots et sons sont comme des apparences de ponts entre des êtres à jamais séparés[4]. »

> *Faire confiance, c'est décider qu'il y aura du sens, qu'il est à imaginer ensemble, et qu'il ne nous préexiste pas*

Le langage est ramené à sa modestie et à sa « fraîcheur » premières : relier, rapprocher des univers clos et séparés. Bien avant la signification, en deçà de la valeur de ce qui transite par les mots, ce sont les mots eux-mêmes, comme choses, comme phénomènes sonores, qui sont décrits dans une sorte de magie première. On pourrait même dire que, si la confiance n'existait pas, les mots n'existeraient pas non plus.

Adresser une première parole, c'est prendre tous les risques, surtout celui de quitter le champ clos d'une solitude dans laquelle m'enferme le silence des choses extérieures, décidément toujours trop étranges. Faire confiance, c'est décider qu'il y aura du sens, qu'il est à construire, à imaginer ensemble, et qu'il ne nous préexiste pas. C'est un geste qui instaure un temps nouveau, un temps qui défie et défait l'autoritaire répétition.

Mais il est tellement confortable de s'en tenir à son réseau constitué de relations et d'habitudes, et tellement risqué de commencer quelque chose de neuf. Tous ces amis, ces proches à qui nous réservons la primeur de notre conversation ont pourtant d'abord été ces parfaits inconnus auxquels nous refusions l'existence et qu'il aura bien fallu ce premier geste pour qu'ils deviennent ce qu'ils sont pour nous aujourd'hui. À l'inverse, lorsque nous saisissons cette occasion d'ouvrir à nouveau l'échange, un peu d'étonnement accompagne toujours la réponse, comme s'il fallait se justifier d'entrer ainsi en contact et rattacher cette pure opportunité à une nécessité qui la rendrait acceptable.

En réalité, on peut s'adresser aux autres tout simplement parce qu'ils sont là, parce que leur présence vaut déjà comme une invitation, parce qu'ils ne seront jamais de simples éléments d'un décor réel. Faire confiance, c'est voir en l'existence des autres une proposition perpétuelle, bien supérieure à tout autre fait du monde.

La peur d'être déçu

L'image si positive qu'ont Don Quichotte et Sancho dans l'imaginaire collectif montre que nous savons combien il est important de se laisser bousculer par le rêve des autres. Encore une fois, si nous ne retenions de cette histoire que la capacité qu'a un halluciné d'emmener dans son sillage un simple d'esprit, nous ne verrions dans ce roman qu'une démonstration implacable du caractère souverain de la réalité. Mais le rire, qui ne manque jamais de nous saisir à la lecture des exploits de ces deux héros, ne porte pas seulement sur leurs déconvenues. Il montre aussi combien la folie généreuse des personnages nous fait du bien et nous apporte une grande bouffée d'air frais, un élan d'amour pour la vie, dans ce qu'elle a de déraisonnable.

Pourtant, nous restons trop souvent convaincus que faire confiance doit rester un geste rare, encadré par une prudence qui en limiterait le danger. Car, si nous comprenons que la nécessaire ouverture sur les autres inclut une incontournable fragilité, nous restons persuadés qu'il y a des rencontres à ne pas faire, que toutes ne sauraient nous apporter quelque chose de positif. La crainte de se dévoiler, de s'exposer, apparaît donc également comme une crainte d'être déçu. L'ombre de la déception plane sur nos éventuelles prises de risque. Elle est un frein puissant qui nous engage à déployer toute une série de précautions et de stratagèmes pour éviter l'épreuve de la déception.

Que nous révèle la déception ? À en juger par le témoignage de celui qui la subit, il s'agit d'une expérience douloureuse, causée par le décalage entre l'action accomplie par quelqu'un et l'attente que l'on avait nourri envers lui. Être déçu, c'est constater à regret que l'autre ne se trouve pas où je l'attendais.

La déception pose la question de la fiabilité des autres, mais elle devrait surtout nous inciter à nous interroger sur ces attentes dans lesquelles nous les enfermons. S'en remettre à quelqu'un en lui faisant confiance, c'est dessiner une attente qui pourrait faire contrepoids à la vulnérabilité dans laquelle nous acceptons de nous placer.

La critique cynique de l'acte de confiance croit savoir que, sur ce point, « nous serons toujours déçus », que c'est inévitable, et qu'il vaut mieux donc couper le mal à la racine en s'abstenant de trop « en attendre ». De nos déceptions, il est aisé de conclure que tout le monde ne mérite pas de se voir confier le soin de nos intérêts les plus chers.

Pour autant, le fait d'être déçu n'a-t-il que cette signification ? Toute déception est-elle l'indice incontestable d'une mauvaise rencontre, qui vaudrait comme une incitation à raréfier nos actes de confiance ? La déception n'est-elle négative que par la faute de l'autre ? Ne met-elle pas aussi en question le rapport étrange qui s'institue lorsqu'une attente se met en place ? Que sommes-nous finalement en droit d'attendre des autres ?

L'effet miroir de la déception

Les opportunités d'identifier nos faiblesses ne sont pas forcément très nombreuses, en raison de notre difficulté à les admettre spontanément, mais aussi parce que notre entourage n'ose pas toujours exprimer clairement ce qu'il nous impute comme défaut. Ce qui explique sans doute que lorsque de telles occasions se présentent, les reproches qui nous sont adressés laissent une empreinte durable, soit parce que notre orgueil nous empêche de les digérer, soit parce que leur lumière continue de nous prémunir contre une rechute. J'ai eu la chance de recevoir deux conseils précieux à des moments où je me sentais déçu. Le premier m'a été adressé par un inconnu, à l'occasion d'un concert où je me produisais seul en scène. Durant la pause, j'ai entamé une brève conversation avec ce spectateur qui m'offrait un verre. Je lui ai livré mes impressions plutôt négatives sur la première partie de jeu qui venait de s'achever : un auditoire passif, peu concerné et responsable d'une ambiance plutôt morne. Bref, le public m'avait déçu, alors que j'avais commencé le concert plein de confiance. Il m'a répondu sobrement : « Il n'y a pas de mauvais public. » Cette sentence m'a d'autant plus frappé qu'elle avait été prononcée sans animosité par quelqu'un qui semblait apprécier mon travail.

La déception provient au moins autant des autres que de l'attente dans laquelle nous les avons enfermés

Ces mots m'ont permis de percevoir que la déception provient au moins autant des autres que de l'attente dans laquelle nous les avons enfermés, sans nous demander si une telle attente pouvait leur convenir. En pratique, ce jour-là, je m'attendais *a priori* à ce que l'auditoire se manifeste de manière beaucoup plus enthousiaste, au regard de la prestation que j'avais livrée, mais il a bien fallu me rendre à l'évidence : je n'avais sans doute pas été aussi bon que je l'imaginais !

La seconde remarque dont je conserve un souvenir fort m'a été adressée pendant ma deuxième année d'enseignement, par un collègue, professeur de sport, proche de la retraite. Tandis que je m'adonnais à une médisance bien ordinaire, déplorant le piètre niveau de mes élèves et prenant mes collègues à témoin, il m'a pris à part pour me réprimander : « Ah non ! S'il te plaît, tu ne vas pas tomber dans ce piège-là, toi aussi. C'est trop facile ! Ce sont des gens bien que tu as en face de toi, des jeunes pleins d'avenir, de qualités, de talents. Ne cède pas à la complaisance, ce n'est pas digne du métier que tu t'apprêtes à exercer. »

J'ai bien sûr été un peu vexé sur le coup, mais aussi très touché, car j'admirais ce collègue dont la fraîcheur et la joie semblaient intactes au terme de tant d'années passées à enseigner. Fort de ce rappel à l'ordre, je me suis évertué depuis à ne pas laisser rétrécir mon champ de vision, à mettre à distance, autant que possible, le cadre parfois si réducteur que notre métier nous invite à projeter sur les autres et à évaluer plus clairement la teneur et la légitimité de mes attentes : je n'avais pas à enfermer mes élèves dans ma définition du « bon élève », il fallait au contraire prêter attention à ce qu'ils étaient réellement.

De ces deux remarques qui m'accompagnent encore au quotidien et qui se mêlent en permanence, je retiens que la possibilité d'être déçu ne justifie en rien de renoncer à faire confiance, ou de ne faire confiance qu'à moitié.

De la première remarque, on peut conclure que la déception est pour une bonne part causée par notre propre insuffisance. Je peux être effectivement déçu par un acte sans me rendre compte que je ne l'ai pas suffisamment accompagné, préparé, et que la partie qui dépendait de moi n'a pas été suffisamment soignée. Ai-je vraiment fait tout ce qu'il fallait pour emporter l'adhésion de mon public, ce soir-là ?

Lors de concerts ultérieurs, il m'est arrivé d'entendre résonner en moi cette formule et d'entreprendre alors de renverser la situation en l'abordant autrement. En assumant la responsabilité de ce qui ne fonctionnait pas, en refusant le confort qu'il y a à rejeter la faute sur un public trop vite condamné, j'ai pu connaître des moments d'intense surprise, d'autant plus savoureux que la partie avait pu sembler perdue d'avance. Ce même conseil s'est avéré parfaitement transposable à la salle de classe, où il invite à demeurer mobile et obstinément attentif aux réactions des élèves. Et on peut bien sûr l'élargir à d'autres situations.

Confiance et remise en cause

La seconde remarque souligne que la déception n'a rien de purement objectif, dans la mesure où elle naît de notre tendance à imposer un cadre strict aux choses, sans s'être assuré que ce cadre leur convenait. Avant de basculer, avec ceux qui se définissent comme sceptiques, dans ces éternelles prophéties amères (« Je vous l'avais bien dit », « C'était à prévoir ») qui incitent à ranger les auteurs de nos déceptions dans la catégorie infamante des gens peu fiables, il vaut sans doute la peine de s'interroger sur la portée et le sens de nos attentes.

L'acte décevant disqualifie-t-il son auteur ou révèle-t-il simplement à quel point il ne rentre pas dans le cadre que notre attente lui impose ? Il peut y avoir un au-delà de la déception. Une personne qui a échoué dans le cadre limitatif d'une exigence peut tout à fait manifester des qualités autres à l'occasion d'une invitation différente. Ce que nous avons du mal à accepter, c'est que la déception pourrait n'être que l'indice d'une inadéquation entre une attente et un acte, ce qui condamne plus le caractère autoritaire et réducteur de cette exigence que l'auteur de la faute. Loin de crucifier le « fautif », la déception pointe du doigt les exigences déplacées du « déçu ». Elle peut fournir l'occasion d'une remise en question réfléchie, qui viendra modifier notre attente ou la manière de l'imposer.

> *Le fait d'être déçu ne signifie pas qu'il faille moins faire confiance, dès lors que je comprends que d'autres propositions peuvent me révéler d'autres facettes de la réalité*

Prendre le risque d'être déçu, c'est se mettre face à un miroir qui nous fait voir que parfois nous voulons, d'une certaine façon, enfermer les autres. Nous devrions considérer cela comme une richesse !

Il ne s'agit pas d'un remède miracle, et il ne suffit pas de rêver la réalité pour qu'elle se s'impose. Reprenons l'exemple de la confiance entre un professeur et sa classe. De fait, de nombreux élèves manifestent des trésors de mauvaise foi, de paresse, et bien d'autres affichent un niveau vraiment fragile et de réelles difficultés à honorer les exigences de leur enseignant. Mais plutôt que de décider une fois pour toutes que les élèves sont décevants, de se recroqueviller sur ce constat définitif et de ne plus leur faire confiance, l'enseignant doit réfléchir aux méthodes pédagogiques susceptibles de mettre en lumière leurs autres qualités. Le faible niveau à l'écrit d'un élève cessera d'être une source d'angoisse pour son professeur quand celui-ci aura pu constater, dans un contexte différent, que ledit élève sait aussi manifester de la ténacité, un sens du travail de groupe, une maturité ou la simple capacité à mener à son terme un projet.

Savoir faire confiance, c'est accepter de se remettre en cause, et accepter que les autres ne sont pas ce que nous croyons ou voulons qu'ils soient. Il est donc très spécieux d'invoquer nos déceptions pour justifier notre réserve. L'idée que certaines personnes seraient plus fiables que d'autres et qu'il faudrait prendre soin de les identifier avant de nous exposer pose mal le problème. Ce que les autres nous dévoilent dépend fondamentalement de la manière que nous avons de les interroger. Le fait d'être déçu ne signifie pas qu'il faille moins faire confiance, dès lors que je comprends que d'autres propositions, d'autres invitations, peuvent me révéler d'autres facettes de la réalité que je n'avais pas imaginées.

Le récidiviste

S'il est un domaine où le cynisme et le réalisme semblent régner sans partage, c'est bien le domaine pénal, dans lequel dominent les constats désabusés et où il paraît difficile de nourrir trop d'illusions sur la nature humaine. Le personnage du récidiviste incarne à cet égard l'incapacité de certains individus à honorer leur parole ou à se conformer à une attente. Pourtant, dans cette sphère également, le succès dépend peut-être, là encore, de notre capacité à déplacer notre demande, à remettre en question notre attente.

Un magistrat du parquet m'a livré un témoignage frappant en ce sens. L'une des jeunes délinquantes les plus condamnées de sa juridiction pour faits de violence, dont il m'avoua qu'elle méritait sans doute de figurer dans les premières places d'une liste des personnes les plus dangereuses du secteur, s'était vu proposer un contrat de travail à durée indéterminée dans une maison de retraite. Plutôt qu'une énième condamnation qui se serait sans doute soldée par une récidive aggravée, un changement de regard sur le problème avait permis d'échafauder un dispositif improbable, mais qui s'est avéré tout à fait satisfaisant. Cette délinquante récidiviste, si peu fiable *a priori*, occupait sa fonction avec toutes les qualités requises et offrait une pleine satisfaction, sans avoir eu à s'amender dans la douleur ou à payer sa dette, comme l'exigeait une approche classique du problème.

Dans le même registre, Michel Vaujour, ennemi public numéro un au début des années 1980, dévoile une profonde humanité dans le documentaire que lui consacre Fabienne Godet, *Ne me libérez pas, je m'en charge*[5]. L'homme a passé une grande partie de sa vie en prison et refuse de plier devant ce qu'il a toujours vécu comme un arbitraire injuste. Toute cette partie de son existence se résume à une provocation aux conséquences toujours plus graves, destinée à imposer sa résistance et à prouver sa liberté. Évasions, braquages, cavales, séjours en prison, quartier de haute sécurité émaillent cette période au cours de laquelle il totalise vingt-sept années de détention, dont dix-sept à l'isolement. Ce qui a changé sa vie et rompu ce cycle infernal, c'est l'amour d'une femme, visiteuse de prison, qui a tout mis en jeu pour le faire libérer, jusqu'à écoper de sept ans de prison ferme après avoir tenté de le faire évader en pilotant un hélicoptère. Dans ce documentaire, Michel Vaujour avoue avoir été bouleversé par la dignité de cette femme qui, en détention, lui a montré une toute autre manière d'affronter sa douleur. Dans la lumière de cette nouvelle attente, Michel Vaujour a opéré une conversion radicale, déployant une énergie neuve et totale à « étudier la loi comme on prépare un braquage », pour saisir la plus infime chance de se montrer à la hauteur de cet amour en obtenant une libération anticipée.

En définitive, la déception ne permet pas de conclure que les autres ne sont pas à la hauteur. Il faudrait peut-être inverser la formule et se demander si nos attentes sont bien à la hauteur des autres. Sans aller jusqu'à prendre toujours sur soi leurs erreurs, il s'agit de comprendre à quel point nos exigences peuvent constituer le moteur de nos déceptions, car elles imposent un format souvent inadapté à la singularité, à la liberté de l'autre. L'idée qu'il existerait des gens « fiables » par nature s'avère un raccourci peu probant.

Laisser la place à la liberté de l'autre

« Faire confiance, c'est être naïf » et « Tout le monde ne mérite pas notre confiance » : ces deux objections, nous l'avons vu, ne tiennent pas la route. Toute fragilité ne se réduit pas à une naïveté ou à une faiblesse de caractère. Le fait d'accepter, voire d'engendrer des situations où les autres ont potentiellement un impact fort sur nous n'a rien d'intolérable dès lors que l'on a compris que c'est la condition de toute rencontre.

Par ailleurs, l'idée que les autres ne sont pas tous fiables et que l'on pourrait alors éviter les déceptions en raréfiant nos prises de risque repose en partie sur le fait que nous sommes souvent aveuglés par nos attentes. Dans le fait d'exiger quelque chose des autres, il y a une projection autoritaire, une ambition dont le potentiel restrictif n'est pas négligeable. Loin de condamner systématiquement celui qui en est la source, la déception souligne au contraire à quel point nos relations sont « approximatives », incapables de cerner qui sont réellement les autres.

Le rapport étroit entre l'attente et la déception montre, par ailleurs, que l'acte de confiance peut permettre une approche plus ouverte que le sentiment de confiance. Lorsque *j'ai confiance* en quelqu'un, je lui exprime toujours quelque chose du genre : « Toi, tu ne me décevras pas. » Or, une telle injonction n'est pas aussi positive qu'il n'y paraît, puisqu'elle prétend évacuer la surprise, l'incertitude. Une telle confiance peut se révéler étouffante pour son destinataire, invité à se maintenir dans le périmètre clos d'une attente qui s'évertue à faire de lui quelqu'un de prévisible.

Faire confiance, en revanche, est un geste plus ouvert, qui ne préjuge pas de ce qui adviendra. C'est une manière de dire à l'autre que j'accepte ce qui arrivera, que ce qui m'intéresse est son inspiration, sa personnalité, plutôt que sa capacité à se conformer à un but donné. Je laisse ainsi la place à l'errance, à l'échec, à l'inachèvement, mais aussi à la surprise, à la création, conçus comme autant de manifestations de la liberté de l'autre.

Mais cette liberté, qui comporte toujours une part de mystère, ne peut pas se contenter d'exister parallèlement à la mienne, sous peine de se réduire à une froide indifférence. Ce que nous appelons tolérance s'apparente trop souvent à du mépris puisque nous n'acceptons pas de nous laisser déborder, envahir, affecter, marquer par ces libertés que nous prétendons pourtant respecter.

Pour dépasser nos déceptions (soit en les digérant mieux – puisqu'elles expriment toujours quelque chose de la liberté de l'autre –, soit en les évitant – grâce à des attentes moins envahissantes et réductrices), nous ne devons pas nous abandonner à ces déconvenues et cesser de faire confiance. Nous devons plutôt écouter ce que nous enseignent nos actes de confiance et leurs destinées incertaines.

« Faire confiance », c'est se montrer curieux de ce que l'autre est et fera, des chemins qu'il empruntera, se disposer à accueillir les fruits de son action. Plutôt qu'un « Tu ne me décevras pas », c'est une attitude qui exprime quelque chose comme : « Je serais enchanté de voir ou de découvrir ce que tu feras ! » C'est être plus disposé à composer avec la singularité ou l'inventivité de l'autre. Le sentiment de confiance s'apparente à une injonction quand l'acte de confiance sonne davantage comme une invitation.

*La confiance
et le mythe du héros
individuel*

6

Est-ce qu'on est fort quand on est seul ?

Ce qui nous retient de faire confiance, c'est une double crainte : celle d'être fragiles, qui nous fait redouter toute vulnérabilité ; et celle d'être déçus dans nos attentes, déçus de voir les autres échouer à atteindre les objectifs que nous leur avions assignés. Ces deux réticences traduisent en fait une certaine idée de la force. Faire confiance reviendrait à s'éloigner d'un idéal d'efficacité et de maîtrise des choses, essentiellement centré sur la puissance individuelle. Cette vision de la force domine aujourd'hui et nous sommes invités de toute part à y souscrire. Être fort, nous dit-on, c'est être capable d'exercer une influence décisive sur le réel, d'y imprimer sa marque, de peser sur le cours des choses en favorisant les mouvements qui nous seront les plus avantageux ou en contestant les dérives les plus néfastes. Une imagerie collective met en avant la puissance des décideurs, des créateurs visionnaires, des gens qui comptent, qui laissent une trace. Chacun de nous est ainsi incité à les imiter en prenant sa vie en main, en devenant maître de son destin.

La force se mesure donc à l'emprise que nous sommes capables d'exercer sur le réel. Affirmer, créer, imposer ses vues, ne pas s'en laisser conter, ne pas se contenter de subir les contraintes extérieures. Diriger sa vie au milieu des courants, tel un capitaine de navire qui garde le cap, domptant le tumulte des éléments.

Une telle vision s'étend jusqu'à la représentation de la vieillesse, où domine l'image fantasmée du « senior », cet individu encore capable, qui décline certes, mais avec le sourire, et à qui l'on demande plus que jamais de prévoir, de gérer, d'anticiper pour minimiser et retarder une entrée dans la dépendance, dont on peut se demander si elle nous terrorise pas plus encore que lui.

Le mirage de l'autonomie

À cette conception dominante de la force se rattache une vision de la liberté présentée implicitement comme indépendance, autonomie de l'individu. Être libre, ce serait réussir à s'affranchir des bornes ordinaires que le réel impose à nos existences. Qu'il dise oui ou non, l'homme fort apparaît comme celui qui sort du lot et conteste l'ordre immuable des choses en marquant le réel de l'empreinte de sa singularité. Être fort, être libre, c'est s'affirmer comme un individu unique.

D'ailleurs, le mot « individu » traduit bien cette idée, puisqu'il signifie littéralement « ne pas être divisé », ni divisible. Ce que ce terme souligne, c'est l'unité, la cohérence d'un bloc qui ne permet pas qu'on le fragmente, qu'on lui retire son unité. En résumé, sois ce que tu es. Dis-le, crie-le, fais-le entendre. Résiste à toutes les puissances contraires qui menacent de te dissoudre.

Mais quelle place peut être réellement accordée aux autres quand on rend un tel culte à l'individu, quand on valorise ainsi la singularité ? Les autres font-ils partie de ces obstacles qu'il nous faut dépasser ? Se réduisent-ils à de simples contraintes dont il faudrait se libérer en leur imposant une volonté de vainqueur ? Faut-il se montrer intraitable, farouche ? Refuser toute concession pour que les autres se soumettent à l'évidence de notre puissance ? Le discours de la force glorieuse se montre pour le moins discret sur ce point, il faut en convenir...

> *Être libre, ce serait réussir à s'affranchir des bornes ordinaires que le réel impose à nos existences*

Recherche d'une moindre dépendance et surévaluation de la figure de l'individu autonome conduisent à sous-estimer l'importance et la valeur de notre relation aux autres. Celle-ci pourtant ne saurait être réduite à une simple interférence, à une perturbation occasionnelle qu'il suffirait d'apprendre à gérer comme n'importe quel aléa. Les autres sont partie prenante de notre construction, ils y contribuent de manière profonde et constante. Il est illusoire de prétendre les reléguer à une fonction périphérique ou subalterne. Les hommes et les femmes qui nous entourent sont des éléments indispensables à la constitution de notre individualité, ils occupent un rôle central dans l'éveil et le déploiement de nos forces. Si nous sommes forts, c'est sans doute moins contre les autres que grâce à eux. La frontière magique qui délimiterait le champ d'une individualité close sur elle-même, inviolable et intègre, relève d'une pure illusion. Il n'y a de puissance individuelle que parce que les multiples facettes d'un tel pouvoir ont pris forme dans des interactions profondes, durables, parfois violentes.

Quand la solitude menace notre humanité

Contrairement à ce que nous aimerions parfois croire, par une sorte de faux romantisme, l'expérience de la solitude, quand elle est poussée à l'extrême, est loin de conduire à un épanouissement. Dans la rupture prolongée de toute relation se dessine la disparition progressive de notre estime de soi, de nos facultés, ou tout simplement de notre conscience. La solitude, lorsqu'elle n'est pas une retraite temporaire, un repli momentané, mais qu'elle prend la forme d'un état durable voire définitif, menace toujours les fondements mêmes de notre humanité.

La détention prolongée, les épisodes de torture, de harcèlement, en sont un bon exemple. Michel Vaujour, ancien « ennemi public numéro un », témoigne, dans le très beau documentaire de Fabienne Godet *Ne me libérez pas, je m'en charge*, du vertige absolu qui s'empare de celui qui connaît un tel isolement. Lui qui a passé dix-sept ans de sa détention en quartier de haute sécurité, dans un « cube de béton », comme il aime à le dire, évoque la profondeur des manques qui ont menacé de le faire sombrer dans la folie ou le conduire au suicide. Il mentionne ainsi la manière dont se sont progressivement imposés à lui les besoins primaires de l'homme, que l'isolement contribue à souligner.

Ce que révèle cette solitude imposée et poussée à son plus haut niveau, c'est le caractère vital, fondateur, des autres, à un moment où même un simple toucher (chose banale et quotidienne, pour nous tous), désormais impossible, devient l'objet d'une véritable obsession pour le prisonnier. Cet exemple est particulièrement révélateur, car le respect de notre intimité semble exiger que les autres nous touchent le moins possible, qu'ils n'interfèrent pas dans notre bulle. Pourtant, comme l'indique Michel Vaujour, la conscience de notre corps requiert le contact des autres comme un besoin fondamental. N'en retenir que la dimension intrusive est un luxe dont la solitude démontre la vanité.

L'isolement choisi :
une consolidation fictive ?

Mais l'esseulement déshumanisant de Michel Vaujour est une solitude subie, à laquelle on pourrait opposer une solitude choisie. S'isoler, se retirer pour se réconcilier avec soi ou retrouver le sens de sa propre puissance sont des déclinaisons tentantes du mythe de la force individuelle. Mais l'exemple de Christopher McCandless en montre l'impasse. Ce jeune ermite, dont Jon Krakauer retrace le périple tragique dans son ouvrage , *Into the Wild*[6], meurt au cœur d'un isolement pourtant choisi et assumé, dans une quête radicale d'identité.

À vingt-quatre ans, Christopher McCandless choisit de tourner le dos à la société. Ni la carrière, ni la réussite matérielle et sociale qui lui semblent promises ne paraissent pouvoir le retenir. Son départ brutal vient de l'intuition que les autres sont une entrave à la découverte de ce que nous sommes. Il est convaincu que l'isolement est un passage nécessaire pour se réconcilier avec soi, faire taire le bruit des injonctions et obligations qui polluent en profondeur la conscience et l'estime de soi.

Le parcours de Christopher McCandless offre, il est vrai, de convaincants aperçus des vertus de la solitude, conçue comme l'occasion d'un face-à-face édifiant avec une nature originelle, sauvage, véritable point d'appui pour exercer nos forces les plus intimes. Car la profondeur et la multiplicité des interférences sociales peuvent parfois mettre l'individu à distance de lui-même, dans l'incertitude de savoir qui il est vraiment. Toutes les contraintes que la vie en société fait peser sur nous peuvent ainsi brouiller la perception de soi. L'isolement s'offre alors comme un repli propice au recentrement : « Et je sais aussi que, dans la vie, le plus important ce n'est pas nécessairement d'être fort mais de se sentir fort et de se mettre à l'épreuve au moins une fois, de se retrouver au moins une fois dans la condition humaine la plus archaïque. Affronter seul la nature aveugle et sourde sans rien pour vous aider. »

Cependant, par bien des aspects, cette quête trahit aussi une certaine arrogance dans l'incapacité à recevoir, à accueillir ce que les autres ne cessent pourtant de nous offrir. La mort de Christopher McCandless, due à un empoisonnement ou à une malnutrition selon les versions, témoigne de l'extrême fragilité dans laquelle il le place la solitude. Il meurt par ignorance, par imprudence et impréparation, au milieu de l'été, en Alaska mais dans une zone très largement cartographiée et où de nombreuses ressources étaient à sa disposition. Loin d'éprouver la moindre admiration pour son parcours, les habitants de la région y voient davantage un comportement irresponsable ou un penchant pour le suicide. Le refus d'accepter la moindre aide et l'effort pour se mettre hors de portée de toute assistance sont la principale cause de cette tragédie qui aurait pu facilement être évitée.

Mais indépendamment de cette issue fatale, d'autres indices montrent que Christopher McCandless, même en tournant le dos à la société, restait paradoxalement marqué par l'empreinte résolument individualiste de celle-ci. À plusieurs reprises, et en grande partie grâce à son indéniable sincérité, il croise sur sa route des gens exceptionnels, avec lesquels il noue de profondes amitiés. C'est le cas de Ron Franz, un vieil homme de quatre-vingts ans qui avait perdu sa femme et son fils dans un accident de voiture. Pourtant, au cours de ces rencontres – dont Christopher ne

Il peut y avoir une certaine arrogance dans l'incapacité à recevoir, à accueillir ce que les autres ne cessent pourtant de nous offrir

comprend pas immédiatement qu'elles constituent la part la plus riche de son aventure –, il veut conserver le contrôle et refuse systématiquement de se laisser bousculer, déranger. Il se montre incapable de faire confiance, c'est-à-dire d'enclencher, à l'invitation des autres, un mouvement, un parcours, un temps dont il n'aurait pas la maîtrise absolue. C'est là sans doute que réside sa plus grande faiblesse, qui l'expose à rester prisonnier de son illusion. McCandless prétend garder une forme de monopole sur une douleur secrète, une blessure d'amour d'origine familiale, qu'il s'efforce d'exorciser sans autoriser les autres à essayer d'y apporter une solution qu'il n'aurait pas lui-même cautionnée. Ron Franz, comprenant que cette arrogance met son jeune ami en péril, lui offre, dans un geste d'une bouleversante fragilité, de l'adopter. Il cherche, par la puissance surprenante de cette proposition, à produire un choc susceptible de détourner McCandless de cette impasse dans laquelle il s'enferme. Malheureusement, ce dernier décline l'offre, promettant d'y revenir plus tard, à un moment qu'il aura choisi – mais qui n'arrivera jamais.

Cette tragédie montre que l'on n'est pas fort quand on est seul, malgré toute la séduction que peut exercer la perspective de posséder une emprise directe sur les choses, d'éviter toute concession et d'être au plus près de soi, de ses potentialités premières.

Les autres : du pire au meilleur

Le parcours de McCandless a toutefois le mérite de souligner que la présence des autres ne conduit pas automatiquement à la disparition de la solitude. Si le jeune homme a pu décider de s'isoler, de s'exclure de la société, c'est parce qu'il se sentait sans doute profondément seul au milieu des autres. Être entouré, vivre en société ne signifie pas que l'on en tire un avantage immédiat et que l'on ressente les vertus de nos interactions. La pression des normes, l'incitation au conformisme, les pesanteurs de nos histoires familiales ou les contraintes d'un modèle collectif qui impose d'emblée un cadre très limitatif à nos existences peuvent certes peser très lourd, au point d'apparaître contraires à nos intérêts les plus fondamentaux. Mais le repli et l'isolement n'offrent pas de vraie réponse. Ce n'est pas hors de la société, dans une rupture toujours très artificielle, que l'on peut trouver la solution aux problèmes qu'elle engendre. La radicalité des postures marginales relève d'une forme de simplification. Il ne suffit pas d'instaurer une distance pour réussir à réparer nos orgueils meurtris. Le respect de notre singularité, l'estime de soi, le sens de notre propre existence, que nous sommes parfois tentés de viser en faisant abstraction des autres, gagnent à être recherchés, encore et toujours, au sein de nos interactions les plus ordinaires.

Faire confiance, c'est laisser venir à soi la nouveauté dont les autres sont porteurs et leur permettre de fissurer quelque peu la sphère close de la répétition

Les destins de McCandless et de Michel Vaujour sont donc en partie similaires. Tous deux ont exploré les affres et les vertus d'une extrême solitude. Même Michel Vaujour, bien que son isolement lui ait été imposé par la détention, avoue par moments avoir contribué activement à se couper de toute interaction en refusant toute forme de communication avec des gardiens qui, selon lui, n'étaient là que pour le priver de sa liberté. « J'ai voulu garder ma douleur intacte », affirme-t-il avant de raconter comment il s'est lancé dans la pratique intensive du yoga, dont le but était de le « faire entrer chaque jour dans son cercueil », afin que ses bourreaux n'aient plus aucune prise sur lui et ne puissent plus rien lui enlever qu'il ne se soit déjà ôté de lui-même.

Mais ces deux destins divergent sur un point essentiel : cette aptitude à « faire confiance », dont Michel Vaujour se montre encore finalement capable quand il décide d'assumer envers et contre tout ce nouvel amour que cette femme lui porte, ce qui lui offrira de revenir parmi les vivants, tandis que McCandless refuse d'accueillir et de laisser œuvrer en lui toutes les invitations qu'il reçoit.

Pour que la coexistence avec les autres puisse produire le meilleur et qu'une construction mutuelle se mette en place, elle nécessite que nous fassions confiance. Faire confiance, c'est jeter un pont, laisser venir à soi la nouveauté, l'incongruité parfois dont les autres sont porteurs et leur permettre de fissurer quelque peu la sphère close de la répétition. Seuls, nous sommes toujours menacés de nous restreindre à un territoire trop bien connu, rassurant parce que délimité, mais désespérément sauvage et monotone. Le calme et la tranquillité n'y sont qu'apparents. « Toujours une fois un, cela finit par faire deux ! nous prévient Nietzsche dans une très belle formule. Je et Moi sont toujours en conversation trop assidue. Comment supporterait-on cela s'il n'y avait pas un ami[7] ? »

C'est cette aptitude à faire confiance qui distingue une vie en collectivité pesante, frustrante, aliénante et étouffante – ce fameux « L'enfer, c'est les autres » sur lequel Jean-Paul Sartre conclut *Huis clos* –, et une vie en collectivité qui soit pour chacun un renforcement indéfini, une source constante d'étonnement et de surprise. Bien loin d'un idéal naïf, l'effort renouvelé de faire confiance ouvre sur une consolidation de soi, tant dans notre efficacité à agir sur les choses que sur le plan de l'estime de soi la plus ordinaire. Aux antipodes de la maîtrise hautaine du héros individuel, ce geste concrétise une force plus subtile, modeste, souple et inventive, soucieuse de promouvoir en permanence de fécondes interférences, exprimant une identité en perpétuel devenir et il permet également, nous le verrons à la fin de cette partie, d'affronter la douloureuse expérience de la fragilité que notre condition nous réserve à travers l'expérience du deuil, en lui opposant la plus humaine des réponses possibles.

7

Confiance
et estime de soi

Vouloir se protéger des autres, c'est négliger que nos forces n'ont pu s'éveiller que grâce à des échanges et des interactions. Nos forces et nos vertus existent en nous d'abord comme des potentialités, comme des graines, qui peuvent soit rester endormies dans le sol glacé de la solitude, soit éclore, grâce à la chaleur et au rayonnement de ceux et celles qui nous entourent. L'estime de soi, à son tour, se nourrit de la solidarité humaine.

L'activation de nos potentialités et le déploiement d'une estime de soi proviennent en effet en grande partie d'un jeu de miroir, dans lequel nous prenons les autres à témoin de nos petites victoires. L'idée de grandir, d'évoluer pour soi seul n'a guère de sens. Il suffit d'observer un groupe d'enfants pour s'en convaincre. « Cap ou pas cap ? » C'est le groupe qui encourage le jeune aventurier à aller jusqu'au bout de ses idées, bonnes ou moins bonnes, mais qui sont toutes une exploration du monde.

Prendre conscience de nos forces

Notre puissance et nos talents se concrétisent par et pour les autres, progressivement, pour devenir tout simplement réels à nos propres yeux. Sans ces témoins que sont nos amis, nos parents, nos proches, aurions-nous songé à explorer autant de facettes de notre identité ? Faire confiance, en ce sens, c'est accepter de nous ouvrir à nos potentialités. Nos meilleurs amis nous offrent parfois les plus belles rivalités : c'est parce qu'ils nous sont chers que nous voulons leur offrir le spectacle de notre force ou de notre victoire. S'engager dans une vraie amitié, c'est faire confiance à l'autre pour qu'il ne nous cède rien, ne nous facilite pas la tâche, pour qu'il aiguise nos forces en les incitant à s'exprimer pleinement. C'est dans ce sens que l'enfant peut parfois demander à l'adulte de « jouer pour de vrai », de ne pas l'économiser, pour qu'il puisse mesurer l'étendue de son habileté et appréhender son potentiel.

> *S'engager dans une vraie amitié, c'est faire confiance à l'autre pour qu'il ne nous cède rien, ne nous facilite pas la tâche, pour qu'il aiguise nos forces en les incitant à s'exprimer pleinement*

Faire preuve d'ouverture pour activer nos forces fondamentales est donc nécessaire, mais cela n'a rien de ponctuel et doit perdurer tout au long de l'existence. Nous ne sommes jamais « finis », il n'y a pas un moment où nous sommes, une fois pour toutes, au summum de nos capacités. C'est en permanence que la reconnaissance des autres redonne de l'intérêt à la façon dont nous exprimons, par nos actes, notre personnalité. Quand nous sommes déprimés, par exemple, c'est moins parce que nous ne savons plus *pourquoi* faire l'effort de donner le meilleur de nous que parce que nous ne savons plus *pour qui* le faire. La meilleure preuve en est le sentiment de profonde solitude qui accompagne la dépression, cette sensation que personne ne peut nous aider à en sortir, qu'un mur empêche toute communication, toute écoute réelle et toute aide efficace. Bref, toute confiance qui ait du sens.

Ce besoin de reconnaissance apparaît sans doute de manière plus marquée encore dans notre vie professionnelle, lieu par excellence où nos qualités se manifestent et sont validées. On ne travaille jamais totalement pour soi ou seulement pour assurer sa subsistance. Travailler, c'est affronter une réalité qui nous résiste pour atteindre un objectif donné. Pour cela, nous mobilisons des ressources, des talents. Aucun travail ne pourrait s'accomplir mécaniquement, sans nous. Et quand nous venons à bout des difficultés, cette victoire révèle quelque chose de notre identité. Sans cela, nous ne pourrions pas nous consacrer à notre travail avec autant de vigueur. De ce fait, la bonne question à poser à un artisan qui vient de trouver une solution à un problème n'est pas : « Combien je vous dois ? » (même s'il va de soi qu'il faudra aborder ce point essentiel !), mais : « Comment avez-vous procédé ? »

Plus que le salaire, ce qui fait du travail une expérience constructive et épanouissante, c'est la reconnaissance de la manière dont telle réussite aura été obtenue, c'est la mise en lumière du cheminement. La plupart des artisans aiment raconter ce parcours, car il exprime à quel point c'est quelque chose d'eux-mêmes qui s'est ainsi dessiné. La reconnaissance de la façon dont nos qualités propres se lisent dans notre œuvre est sans doute la vertu la plus profonde du travail. C'est d'ailleurs elle, et non quelques mystérieuses capacités naturelles, qui consolide nos compétences et notre estime de soi. Certes, cela ne peut fonctionner que si nous donnons réellement quelque chose de nous-mêmes dans nos échanges avec les autres (dans le travail comme dans les autres domaines de la vie, d'ailleurs).

La reconnaissance des autres a aussi la vertu de mettre en valeur à nos yeux des qualités dont nous n'étions nous-mêmes ni tout à fait certains, ni vraiment conscients.

Quand les autres nous aident à dépasser nos limites

Mais l'émulation ou la reconnaissance ne sont pas la seule façon dont les autres nous rendent forts. Parfois, une opposition est nécessaire pour que nous allions au bout de nos capacités. C'est le sens véritable de l'acte d'apprendre, qui exprime la nécessité de faire confiance pour accroître sa propre force.

Il faut donc modérer la tendance actuelle à glorifier l'autodidacte, l'une des figures marquantes du culte de l'individu. L'autodidacte serait celui qui apprend seul, ce qui sous-entend qu'il pourrait se passer des autres. Certes, il est possible d'acquérir seul des compétences, par une observation réfléchie de ce qu'on fait et des résultats obtenus. C'est d'ailleurs une source de satisfaction réelle, puisqu'à la connaissance et à la maîtrise s'ajoute la fierté d'une certaine indépendance. Mais c'est un processus souvent approximatif et qui prend du temps.

Apprendre avec quelqu'un permet de gagner du temps. Car il s'agit en définitive d'intégrer des connaissances que d'autres ont, lentement, constituées avant moi. Il faut donc se mettre en situation d'accueillir, de recevoir. On n'apprend pas si l'on n'est pas capable de faire confiance, de s'ouvrir aux invitations de nos maîtres à gagner un peu de temps sur notre ignorance. D'autant que «ap-*prendre*», ce n'est pas seulement *prendre* quelque chose – dont l'acquisition serait alors mécanique. En apprenant, nous nous transformons au contact d'une nouvelle idée, d'un nouveau savoir, et de celui qui nous l'enseigne. Il y a dans ce processus quelque chose qui relève d'une lutte, d'une bataille. «Tu dois chaque jour aussi mener campagne contre toi-même[8]», écrit Nietzsche dans *Aurore*, en 1881.

Quand on surévalue l'individu, on néglige cette dimension. Dans la solitude, nous sommes notre propre ennemi, car nous cultivons avec complaisance nos lacunes et entretenons nos faiblesses. Être livré à soi-même, en ce sens, revient à être exposé sans filtre à l'effet négatif de nos défauts. C'est pourquoi faire confiance à un maître, ou à toute personne qui pourrait jouer ce rôle, c'est autoriser à un regard extérieur à identifier nos faiblesses, ce qui nous permet alors de les dépasser.

L'action d'un maître est toujours double : c'est lui qui pointe du doigt nos limites et nous force à admettre qu'elles nous entravent ; c'est lui qui indique ensuite la direction à suivre pour aller plus loin. Personne n'accueille avec plaisir d'avoir à se défaire de l'un de ses traits de caractère. Il ne suffira pas de dire au lièvre de la fable qu'il devrait moins compter sur sa vitesse. Il faudra un

> *La seule manière de dépasser les moments de doute, c'est de faire confiance à ce maître qui nous inflige des remises en question répétées*

travail patient, répétitif, souvent ingrat, pour qu'il s défasse son mauvais pli.

L'épreuve du doute

Dans un tel parcours surviennent immanquablement des moments de doute. S'arrêter en chemin, cependant, c'est manquer un rendez-vous important avec soi. Or, la seule manière de dépasser ce moment d'hésitation, c'est de faire confiance, c'est-à-dire de redonner chaque fois du crédit à ce maître qui nous inflige des remises en question répétées. Dans un tel cas, faire confiance, c'est entretenir un lien avec une autre personne, c'est fabriquer, à deux, sa propre transformation. Il n'est donc pas question de passivité, même quand, en apparence, le maître semble dicter sa volonté.

Car c'est toujours celui qui reçoit un enseignement qui décide de le prolonger ou de l'interrompre. Il est impossible de transmettre quoi que ce soit à quelqu'un qui, par excès de contrôle, refuse de questionner ses certitudes, de se fragiliser un instant. Apprendre, c'est maintenir intacte son exigence, même quand le doute s'installe.

Ainsi, les apprentis cuisiniers dans les brigades des grands restaurants, travaillent jusqu'à dix-huit heures par jour dans l'espoir d'accéder aux fourneaux sous la direction du chef étoilé dont ils admirent le talent. Ce sont bien eux les acteurs de leur parcours, parce qu'ils font le choix de continuer, en dépit des cadences infernales. Un employé de l'un des chefs les plus étoilés de France confiait avoir perdu plusiurs kilos en trois mois sans que cela remette en cause sa vocation. Cet apprenti, qui était pourtant l'un des meilleurs dans son domaine avant d'intégrer cette brigade, a dû attendre six mois de plus au même rythme avant de commencer à toucher aux cuissons et aux sauces, discipline par excellence de la transmission de l'art culinaire.

Sancho au lycée

C'est cette ténacité, même au cœur du doute, qu'incarne le personnage de Sancho Panza. Au début du chapitre 18, après avoir essuyé une déconvenue de plus, il exprime à Don Quichotte toute sa lassitude et les doutes qu'il éprouve sur le bien-fondé de leur périple. À quoi bon tant de coups, d'humiliations pour un bénéfice aussi intangible ? Don Quichotte balaie d'un revers de main toutes les objections de son écuyer : « Que tu sais peu de chose, Sancho, en fait de chevalerie errante ! Tais-toi, et prends patience : un jour viendra où tu verras par la vue de tes yeux quelle grande et noble chose est l'exercice de cette profession[9]. » En dépit du peu d'arguments de Don Quichotte, Sancho obtempère : « Il doit en être ainsi, bien que je ne comprenne rien. »

Aujourd'hui, la tendance générale est d'exiger des garanties, de revendiquer en toutes circonstances une sécurité maximale au nom de cette obsession de la maîtrise qui hante l'individu contemporain. Apprendre, à l'opposé, constitue toujours une rencontre sur le fil, marquée par une incertitude que rien ne saurait évacuer. La réussite ou l'échec d'un parcours tient à une forme d'alchimie dont il est vain de prétendre anticiper les effets. C'est sans doute d'ailleurs l'être du maître, sa personne, qui oriente le processus de transmission et de transformation, bien plus que son savoir. À nouveau, *faire confiance* s'avère plus fécond qu'*avoir confiance*, puisqu'il faut *continuer d'avancer*, même quand tous les indicateurs sont au rouge, même lorsqu'on ne ressent plus le moindre *sentiment* de confiance.

Une maman, affolée par la transformation de son fils qui suivait des cours de philosophie au lycée, prit un jour rendez-vous avec le professeur pour demander des explications : « Qu'est-ce que vous êtes en train de faire à mon fils ? Je ne le reconnais plus depuis qu'il a commencé à travailler avec vous. » Deux ans plus tard, le croisant par hasard, elle le remercia chaleureusement d'avoir été le déclencheur de cette mutation qui avait conduit le jeune homme à grandir et à s'affermir. À la grande surprise du professeur…

Avoir confiance en soi ou se faire confiance ?

Ce que l'acte d'apprendre, l'émulation, la reconnaissance mettent en évidence, c'est que notre force véritable repose davantage sur un devenir que sur un être définitif. Nous sommes en permanence susceptibles d'évoluer, de déployer de nouvelles aptitudes dont nous n'avions pas nécessairement conscience. Mais de telles évolutions ne se produisent pas d'elles-mêmes. Elles requièrent un acte initial, qui enclenche le mouvement. Faire confiance, c'est toujours décider de sortir de soi, de se confronter à ses limites, de commencer quelque chose de neuf dont l'issue, incertaine, constitue à la fois un enjeu et un attrait. S'ouvrir sur la liberté des autres, mais de façon vraie. Pas seulement sous le couvert de mots trop vagues, et finalement creux, comme celui de « tolérance ». C'est se laisser perturber, bousculer, façonner par ce souffle extérieur, incontrôlable parce qu'humain. C'est accueillir, douter et peut-être changer pour devenir autre, sinon mieux.

Nombreux sont les alchimistes qui prétendent détenir la recette de la confiance en soi. On entend parfois qu'il faut avoir une solide confiance en soi pour envisager de faire confiance. Mais il faut sans doute inverser la formule. Se faire confiance, ce n'est pas se dire que l'on peut faire une chose parce qu'on l'a déjà réussie mille fois – quelle tristesse ! quel manque de perspective ! Au contraire, c'est s'adresser à cette part incertaine en nous – jamais activée encore – et décider de l'inviter, de la réveiller. Il n'y a pas moins d'incertitude en soi que chez les autres, et l'idée de s'aider de la force des autres n'a donc rien d'aberrant.

À bien y réfléchir, il est aisé d'être coach, puisque la personne qui vient vous voir a franchi l'obstacle principal en décidant que la solution se situait au-delà d'elle-même et de ses limites ordinaires. Toute ouverture sur l'autre est une décision de soi.

8

L'efficacité de la confiance

Faire confiance ne se réduit pas à accroître capacités et estime de soi. Ce geste relève aussi de l'art d'accroître son impact sur les choses et nous rend beaucoup plus efficaces dans le réel. « On n'est jamais aussi bien servi que par soi-même », nous dit l'adage commun. En pensant ainsi, on évacue à la source tout risque de flottement, tout événement imprévu. Comme ces patrons tyranniques qui se refusent à lâcher prise, à tolérer le moindre écart et qui finissent par tout faire eux-mêmes, sous le regard dépité de leurs employés qui sentent confusément qu'ils ne sont pas vraiment autorisés à exister. Cette volonté de garder le contrôle est cependant plus une faiblesse qu'une qualité. Faire confiance, c'est activer un relais qui neutralise, certes, l'influence directe que nous pouvons exercer sur les choses, mais qui n'implique pourtant pas que nous ayons perdu notre efficacité.

Bien au contraire, la tendance à vouloir maîtriser toutes les étapes d'un processus contribue à émousser nos forces, car notre attention se disperse dans mille détails qui affaiblissent la qualité de notre action. Faire confiance, c'est donc déployer une force plus ciblée, plus qualitative, et n'intervenir que là où cela sera indispensable. C'est accepter qu'une grande partie d'un processus puisse et doive s'accomplir en notre absence.

Cette aptitude à laisser agir des intermédiaires, à des niveaux de réalisation moins exigeants, produit une efficacité beaucoup plus forte, au final. L'excellence d'un capitaine d'industrie est de réserver sa compétence aux questions qui exigent qu'il s'y consacre en personne – comme la définition d'une stratégie globale, la réponse à une situation inédite. Il n'y a pas de scandale à ce qu'un grand restaurant accomplisse la plupart de ses services en l'absence du chef qui lui vaut sa notoriété, puisque l'essentiel du talent du chef a été la conception d'une identité culinaire. Lors de patientes et éprouvantes recherches en laboratoire, il a arrêté les grandes lignes de la carte, qui s'imposeront ensuite à tous ses collaborateurs, du plus grand au plus petit.

Pourquoi gaspiller son énergie à vouloir être présent à toutes les étapes, si notre clairvoyance et notre lucidité risquent de nous faire défaut dans les moments d'urgence ? Être seul ne permet d'être efficace que dans les situations les moins complexes. Faire confiance, au contraire, c'est s'ouvrir à des productions plus ambitieuses, dans lesquelles accepter de s'entourer permet une action plus coordonnée, pour traiter davantage de paramètres et réserver ainsi le meilleur de notre intervention à son niveau de nécessité véritable.

Multiplier les angles d'approche

Faire confiance permet également d'accroître notre impact sur les choses par la démultiplication des angles d'approche, face à un problème. L'art de déléguer ne se résume pas à une hiérarchisation des forces pour simplifier les prises de décision : d'un côté la tête penseuse, de l'autre les exécutants. Il ne prive pas d'une marge de manœuvre ceux à qui on confie une tâche. Pourtant, certaines tendances du management contemporain ont poussé la rationalisation des forces de production à l'extrême en essayant de rendre impossible tout écart par rapport au protocole imposé, s'efforçant ainsi de bannir tout exercice de l'intelligence et de la liberté aux niveaux intermédiaires. Qui ne s'est pas déjà retrouvé en face d'un opérateur de services refusant d'exercer son bon sens ou de résoudre un problème, à cause des limites prétendument infranchissables d'un cadre rigide et prédéterminé ?

D'autres formes de management font le pari d'une invitation à faire confiance, afin de favoriser des libertés en action à tous les niveaux de l'échelle. Ce choix suppose de considérer que la réussite de l'ensemble dépend de la capacité de chacun à fournir, par son intelligence, la réponse la plus adaptée aux problèmes auxquels il se confronte, à son niveau.

Un commercial dans le secteur des bureaux de luxe me confiait son admiration pour le moment presque rituel où les « créatifs » viennent, chaque année, indiquer les lignes directrices que devra suivre l'entreprise. « Quand tu les vois débarquer, tu les croirais sortis d'une autre planète, et pourtant ce sont eux qui vont imprimer la marche à suivre et donner le cadre général de notre travail. Nous appartenons pourtant à des univers si différents. C'est toujours un moment hallucinant ! » Dans cet exemple, on voit que l'efficacité de l'entreprise ne repose pas seulement sur la coordination mécanique des différents rouages d'une machine, mais qu'elle s'appuie sur la mobilisation, à des niveaux essentiels, des qualités propres de chacun, même si elles ne sont jamais tout à fait mesurables. Cet art de faire confiance repose sur l'idée que l'efficacité ne réside pas dans la maîtrise définitive d'une situation ou d'un domaine, mais dans l'adaptation permanente que nous impose une réalité dont les obstacles ne cessent de varier. Plutôt que de prôner un contrôle parfait qui appelle une reconduction mécanique des mêmes recettes, cet art de faire confiance parie sur les libertés et leur aptitude à fournir la meilleure réponse à la mutation des choses. Il implique une participation accrue de chacun à la constitution de la stratégie d'ensemble, valorise les temps de concertation et de réflexion sur sa propre pratique, dans l'idée que les suggestions ou hypothèses fournies sont le cœur d'une réussite centrée tout autant sur l'efficacité que sur la capacité d'évoluer.

Dans toute action, il y a une part d'obsession aveugle centrée sur la réussite individuelle, qui porte en germe son propre échec. Il est parfois nécessaire de se décentrer, de remanier son approche à l'invitation d'une lecture différente des choses, parce que née d'une autre conscience, qui formule autrement le problème et suggère des interprétations nouvelles. L'exemple de Robinson, dans le roman de Michel Tournier *Vendredi ou les limbes du Pacifique*[10], est tout à fait représentatif de cette contribution des autres à notre efficacité sur les choses. Après le naufrage, le premier réflexe de Robinson est de construire un bateau baptisé *L'Évasion* », qui doit lui permettre de quitter l'île. Malgré un réel succès dans la conception qui le conduit à réaliser un chef-d'œuvre d'ingéniosité, Robinson ne peut pas prendre la mer, car son bateau est trop lourd pour être mis à flot. Cette anecdote témoigne doublement du rôle des autres dans la prétention à l'efficacité. D'abord, parce que cet obstacle pourrait être aisément surmonté à plusieurs – les forces seraient ainsi démultipliées. Mais plus encore parce qu'une telle faute de conception n'aurait sans doute jamais pu être commise si le projet avait été élaboré collectivement. La richesse et la diversité des approches auraient probablement permis de déceler cette faille et d'y remédier à l'avance. Conjuguer plusieurs libertés offre donc une perspective supérieure d'efficacité, soit parce que la réalité ne se laisse jamais tout à fait connaître, soit parce qu'elle évolue constamment.

Être seul ne permet d'être efficace que dans les situations les moins complexes. Faire confiance, au contraire, c'est s'ouvrir à des productions plus ambitieuses

On peut remarquer, à cet égard, que notre petite voix intérieure, celle qui précède et oriente nos prises de décisions, n'est jamais tout à fait la nôtre. Elle n'est en tout cas pas la voix d'un seul. Elle résonne de multiples échos, et nous gardons ainsi en nous les traces de ces autres visions du monde qui nous ont façonnés et qui, aux heures décisives de nos vies, se rappellent à nous pour appuyer et orienter nos choix. C'est en ce sens que l'on parle de « for intérieur », véritable espace de discussion, où ces voix multiples, dans un subtil mélange de souvenirs et d'imagination, se font entendre et s'affrontent parfois âprement pour indiquer la direction à suivre.

L'art de faire confiance engage donc une certaine conception de l'action, qui implique un minimum d'humilité face à un réel qui évolue sans cesse et offre donc continuellement aussi de nouveaux obstacles, un réel qui surprend toujours par les blocages inédits et inattendus qu'il nous impose. Dès lors, le monde apparaît moins comme l'objet d'une maîtrise définitive que comme terrain de jeu où notre meilleur atout serait notre souplesse et notre capacité d'adaptation – vertus rendues plus puissantes par la référence aux autres.

Faire aux autres le don de leur liberté

Insister sur l'efficacité du faire confiance pourrait amener cette objection : n'est-ce pas se servir des autres, les exploiter de façon intéressée, que de ne voir en eux que l'avantage qu'ils peuvent nous apporter dans notre recherche d'efficacité, qu'une source possible de puissance ?

Une telle objection ne tient pas. Exploiter quelqu'un, l'utiliser, c'est toujours l'enfermer dans un cadre restrictif, le réduire à une dimension limitée. À l'inverse, faire confiance, ce n'est pas uniquement prendre le bénéfice de l'action d'un autre, c'est aussi lui donner quelque chose, c'est mettre en lumière sa liberté, c'est viser cette liberté au-delà de toute compétence particulière. C'est donc manifester un intérêt réel pour cette personne. Faire confiance revient en quelque sorte à dire : « Je prendrai ce qui vient de toi parce que ta liberté m'importe au-delà de tout ce que tu pourrais produire. » C'est le voir toujours plus grand et favoriser le déploiement de sens, de vie et de puissance dont il est porteur. C'est entreprendre de bâtir un monde dont la valeur excède la simple considération de notre intérêt immédiat, c'est prendre part à la constitution de quelque chose de plus grand que soi.

En 399 avant notre ère, lors du procès que lui intentèrent quelques citoyens

> *Faire confiance revient à dire : « Je prendrai ce qui vient de toi parce que ta liberté m'importe au-delà de tout ce que tu pourrais produire. »*

athéniens revanchards qui l'accusaient de corrompre la jeunesse de la Cité, Socrate répondit à ses juges par un argument très puissant : quel sens pourrait-il y avoir à corrompre ses proches, à affaiblir les personnes qui constituent notre entourage direct ? Agir ainsi contribuerait à rétrécir notre monde. Favoriser autour de soi le déploiement des libertés excède de très loin le cadre d'un intérêt clairement identifié. Il y a dans un tel geste l'idée que la liberté des autres ne peut jamais nous être défavorable, car elle constitue l'horizon de notre propre liberté. Elle est le seul monde dans lequel nous pouvons souhaiter nous inscrire.

9

Une réponse humaine
à la fragilité

L'importance de la liberté des autres, conçue non plus comme ressource exploitable, mais comme «monde», apparaît plus particulièrement dans les situations où le réel nous submerge par la violence de ce qu'il nous inflige. Dans l'expérience du deuil, par exemple, se dessine une rupture profonde avec la réalité, car la mort ébranle les fondements de notre présence au monde. Elle excède nos forces et menace de nous emporter dans le désespoir et la tristesse. Cette rencontre avec l'absurde constitue la limite de notre emprise sur les choses. Dans ce face-à-face avec l'irrationnel, notre impuissance est criante. Pourtant, elle n'est pas totale, puisque nous y apportons une réponse par le resserrement du lien. Faire confiance, dans un tel cas, c'est mettre de l'humain entre soi et l'absurde, c'est conférer à ceux qui nous entourent le rôle de nous renvoyer le sens, la joie, la beauté même du monde que nous croyons avoir perdu. On envisage ainsi ce que peut-être une force qui n'est pas pour autant «maîtrise». Résister, contester l'absurde, lui opposer obstinément la renaissance d'un sens, créer et faire connaître la joie sur le lit d'une absence, constituent les gestes les plus humains. Faire nombre contre le non-sens, le combattre à tour de rôle dans une modeste mesure, c'est tisser une toile. Dans un enterrement se joue une bataille où chacun y va de son coup porté à la bête muette qui s'est invitée. Ici une parole, là une anecdote, puis quelques vers. Chacun prend le témoin et offre quelques pas de funambule, arrache un sourire avant de se retirer pour reprendre souffle et inspiration. Au cœur de la douleur, faire confiance, c'est s'en remettre à l'humain comme unique horizon, dans ce moment où le réel nous impose sa violence et où il n'est plus possible d'y percevoir distinctement sa place. C'est là toute la grandeur de Sancho Panza, qui pressent que la routine ordinaire viendra s'échouer contre le mutisme des choses et qu'il est toujours urgent de faire lien, d'introduire un souffle d'incertitude au cœur d'un calme mensonger. Notre rapport au réel n'est jamais apaisé. Les choses ne font pas sens, puisque, en fin de compte, elles nous tuent. C'est l'humain qui est vrai, mais pour qu'il s'installe, il faut l'aider. Faire confiance, c'est donc toujours décider que c'est l'humain qui fait sens.

Faire confiance : l'étoffe du lien social

Faire confiance, c'est désigner l'humain comme horizon et faire de la liberté des autres une source possible de sens et de valeur, au sein d'une réalité qui nous met parfois à rude épreuve par sa violence et son absurdité. Mais la valeur de ce geste ne se limite pas à ces situations extrêmes. Faire confiance constitue sans doute, d'une manière plus générale, un fondement essentiel du lien social.

Le lien social désigne une sorte de familiarité immédiate que nous entretenons avec nos concitoyens, même s'ils sont, pour la plupart, de parfaits inconnus. Quand ce lien est fort, loin qu'ils nous apparaissent comme des étrangers, nous voyons spontanément en eux des partenaires ou relais potentiels. À l'inverse, si un tel lien est mis à mal, fracturé, c'est plutôt la différence des autres qui nous saute aux yeux et se présente comme une menace. Réussir à promouvoir une réelle fluidité dans les rapports sociaux est un enjeu important, tant sur le plan politique que sur le plan de l'épanouissement de chacun, mais il n'est pas simple d'identifier ce qui contribue à la rendre possible.

Tout lien social, toute force collective semblent requérir cette possibilité première de faire confiance, pour que se mette en œuvre quelque chose de neuf

Il est difficile, en effet, de comprendre ce qui assure l'unité d'une société, ce qui permet à une diversité d'individus de se lier, de tenir ensemble dans la durée et d'atteindre une certaine forme d'équilibre. Nous manquons singulièrement de recul. Chacun de nous, en tant que membre d'une telle société, est façonné par elle en profondeur, ce qui l'empêche d'en identifier précisément les rouages. Montaigne, dans ses *Essais*, insiste sur ce point : « ... mais nous prenons un monde déjà fait et formé à certaines coutumes. Nous ne l'engendrons pas comme Pyrrha, ou comme Cadmus. Par quelque moyen que nous ayons loi de le redresser, et ranger de nouveau, nous ne pouvons guère le tordre de son pli accoutumé, que nous ne rompions tout[11]. » Bien que les hommes soient contraints de vivre ensemble, les formes concrètes d'une telle union relèvent d'une alchimie qui échappe en grande partie à la compréhension. La question du lien social impose donc une certaine prudence et une forme de modestie, car ce qui permet à autant de relations simultanées de s'établir est difficilement saisissable pour un individu isolé, qui ne retient toujours qu'un angle très restreint.

Malgré la difficulté d'un tel exercice, et les dangers qu'il y a à prétendre dépasser un point de vue toujours limité, on peut voir dans la possibilité de « faire confiance » un indicateur fort de la qualité du rapport qui existe entre les membres d'une même société. Quand un tel geste devient impossible, il semble que la société se fragmente en autant d'unités, qui présentent dès lors une extrême fragilité. Le roman de Hans Fallada, *Seul dans Berlin*, fondé sur des faits réels, offre une plongée saisissante dans l'histoire d'Otto et Elise Hampel, deux résistants allemands qui décident de s'opposer au régime nazi en laissant dans des cages d'escalier des cartes postales sur lesquelles ils rédigent des critiques très vives du pouvoir en place. Leur entreprise de subversion parviendra à tenir un certain temps, puisqu'il réussiront à déposer deux cent soixante-sept cartes dans les immeubles de Berlin, avant de connaître une fin tragique. Dans la scène la plus marquante du roman, Otto Hampel se trouve face à Escherich, l'officier de la Gestapo qui a mené l'enquête. Ce dernier, qui jubile à l'idée d'avoir pu mettre la main sur cet étrange activiste, se moque de la naïveté de sa démarche et entreprend de l'humilier : « Songez encore à une chose […] : toutes ces lettres, toutes ces cartes nous ont été remises spontanément. Pas une seule n'a été trouvée par nos soins. Les gens venaient les apporter

en courant, comme si elles leur avaient brûlé les mains. Ils ne savaient pas comment s'en débarrasser assez vite. La plupart d'entre eux ne les avaient même pas lues[12]...»
L'état de peur institué par le régime nazi est tel que les individus sont renvoyés à eux-mêmes, isolés au point de ne pouvoir former le moindre embryon de résistance commune. L'idée que ces cartes pourraient être lues, conservées, qu'elles pourraient servir à constituer le noyau d'un mouvement politique semble absurde. Ce qui ressort d'un tel exemple, c'est l'extrême dénuement qui caractérise l'individu lorsque, dans un contexte politique donné, il ne peut même plus envisager de faire confiance, de s'ouvrir sur les autres, d'échanger des pensées, d'enclencher une dynamique. La crainte conduit à une autocensure qui neutralise toute forme de résistance. Tout lien social, toute force collective semblent requérir cette possibilité première de faire confiance, pour que se mette en œuvre quelque chose de neuf.

Faire confiance : donner et recevoir

On ramène souvent la question du lien social à une question d'identité. Une société en bonne santé serait une communauté où les individus savent qui ils sont et peuvent nommer précisément les valeurs qui les définissent et les réunissent. Selon une telle vision, il faudrait ressentir une identité pour pouvoir se projeter dans une sphère sociale donnée. C'est ainsi que les politiques ont essayé, il y a peu, de déterminer avec précision ce qui constitue l'«identité française», dans l'espoir de clarifier des lignes directrices à destination de ceux qui ne les auraient pas bien comprises. Le danger d'une telle perspective est d'inviter à formuler des critères rigides et définitifs pour cerner une identité, ce qui conduit à exclure toute personne ne répondant pas à ces normes. Or, le moteur du lien social n'est pas l'identité mais l'échange. Sentir que l'on appartient à une communauté ou à une société, c'est pouvoir s'inscrire dans les multiples échanges qui la constituent. Ce n'est pas l'identité qui précède les échanges, mais la multiplicité des échanges qui façonne peu à peu l'appartenance et l'identification à une entité collective.

Tout échange requiert une ouverture première, un commencement. Faire confiance, c'est initier ce premier temps, c'est offrir à l'autre sa propre vulnérabilité. Pour saisir cette importance du « faire confiance » comme don, il faut préciser en quoi le don est vecteur de relation. Donner est souvent pensé soit comme un acte gratuit, soit comme un acte économique. Dans ces deux conceptions, il ne ne prend pas en compte la relation. Le don comme acte gratuit, désintéressé, n'attend aucun retour. Sa beauté et sa grandeur supposées ont quelque chose de surhumain, presque angélique. Une telle générosité nous place résolument au-dessus des autres, hors d'atteinte. Ce don-là, au sens strict, est sans histoire.

De l'autre côté, le don de type économique insiste sur la valeur de ce qui transite, qui enrichit celui qui le reçoit et appelle un retour équivalent. Mais quand la dette est soldée, la relation cesse, et un tel échange est toujours suspecté d'être intéressé, au sens où nous ne donnerions que dans le but d'obtenir un bénéfice en retour. L'autre ne serait donc pas visé pour lui-même dans un tel geste.

En réalité, donner peut se penser comme un geste n'ayant d'autre objet que la relation elle-même. Ni charitable, ni intéressé, il constitue le moteur d'une dynamique susceptible de se perpétuer indéfiniment. C'est ce qui apparaît quand on s'intéresse à l'importance du geste intermédiaire qui consiste à « recevoir » – car ce n'est pas un acte simple. Recevoir, ce n'est pas seulement prendre quelque chose, c'est accepter la marque de celui qui nous donne. Au-delà de ce qui est donné, ce qui importe, c'est l'acceptation de cette empreinte. Donner, c'est toujours initier une double fragilité. Celle du donneur, qui s'expose à un éventuel refus, potentiellement douloureux, et celle du récepteur, qui doit accepter cette marque qui s'impose à lui et la dette qu'elle implique. Recevoir est donc un art et un devoir : au-delà de la valeur de ce qui est transmis, c'est la reconnaissance même du donneur, suspendu dans sa fragilité, qui est en jeu. Une telle acceptation appelle un retour n'ayant alors plus rien d'économique. Accepter la marque d'autrui, en recevant ce quelque chose qu'il nous offre, implique à terme qu'il se montrera lui aussi capable d'accepter la nôtre lorsque nous la lui offrirons.

Un lien de réciprocité

Faire confiance, c'est initier tout autour de soi ces commencements, tisser ces débuts de liens qui n'attendent pas de retour déterminé, mais qui contribuent à les provoquer malgré tout.

On n'offre pas l'apéritif à quelqu'un pour qu'il nous offre la même chose, mais en lui offrant un verre, on sait qu'un geste ultérieur pourra nous être adressé à moment ou un autre. À l'inverse, lorsqu'on ne veut pas conserver de lien avec une personne, on s'empresse de rendre ce que l'on doit afin de rompre définitivement.

Le lien social est constitué de toutes ces lignes que nous tendons en direction des autres, et il ne se réduit pas tout à fait à ce qu'on appelle parfois « capital social », qui n'en retient que la dimension potentiellement avantageuse pour l'individu, allant même jusqu'à essayer de le chiffrer. Ces dons, ces ouvertures, ces initiatives sont notre contribution à un monde humain où les libertés se visent, se désignent et se confirment dans une interaction permanente que l'on appelle tout simplement la culture. À la source d'une telle dynamique, faire confiance apparaît comme un geste fondateur, l'initiation spontanée d'une chaîne de conséquences indéfinies où la liberté des autres est, tout autant que la nôtre, invitée et mise en lumière.

Discrétion et institution

Comme toute forme de don, faire confiance ne prend toute sa valeur que dans la discrétion. Ce geste supporte mal d'être explicitement formulé. Dès lors qu'on le met en lumière, il s'efface et perd sa valeur première, qui est de mettre en relation les libertés et de promouvoir ainsi une reconnaissance mutuelle. On ne doit pas dire que l'on donne, car cela conduit à enfermer l'autre dans une dette. De même, le véritable « faire confiance » ne se dit pas : il s'exprime par des gestes clairs, tranchés, mais peu bavards. Donner des responsabilités aux autres, accepter de s'exposer aux conséquences de leurs actes, amorcer un échange, oser se livrer dans la conversation, recommencer après une déception sont autant de modalités d'un « faire confiance » puissant mais peu visible. Cette discrétion explique d'ailleurs que ce geste nous soit si intime, si familier, et que nous en perdions pourtant un peu la trace dans le réseau complexe de nos rapports sociaux.

C'est la raison pour laquelle le geste de « faire confiance » se voit largement promu par toute une série de figures institutionnelles, qui s'efforcent de le rendre naturel, évident, sans forcément en souligner explicitement l'enjeu. La directrice de crèche, l'instituteur, le policier, le médecin, le pompier, l'infirmier, le chauffeur de bus, le prêtre, le juge, le maire ou le député sont autant de figures investies d'une autorité, réelle ou symbolique, mais supposée infaillible, censée nous encourager à nous en remettre à eux en toute simplicité, comme si cela allait de soi. Cette autorité dont ils jouissent tend à faire oublier qu'ils ne sont que des hommes et des femmes, comme s'ils pouvaient tout entier se résumer à la grandeur de leur tâche. Autrement dit, les institutions sont le relais qui permet au geste de « faire confiance » de s'installer au cœur de nos comportements les plus ordinaires, sans avoir à en faire pour autant un objectif premier.

À bien y regarder, ce qui fait la valeur ultime d'une institution comme l'école réside peut-être moins dans le savoir qu'elle est supposée transmettre que dans l'expérience profondément socialisante qu'elle offre à chaque élève, à travers les rencontres qu'elle lui impose comme un passage obligé. Bon ou mauvais, le maître constitue l'horizon avec lequel l'élève doit composer. Homogène ou non, une classe doit trouver ses points d'équilibre et d'ajustement, faire corps avec ses atouts et ses faiblesses. La vertu d'une telle obligation est de nous apprendre à *être*, à faire lien avec d'autres libertés et à déployer, ici et là, un «faire confiance», moteur privilégié de toute construction personnelle et collective. L'un de mes anciens collègues, aujourd'hui retraité, m'a confié un jour son attachement au lycée où nous avions travaillé ensemble : « Dans ce lycée, de mémoire, il me semble que nous n'avons jamais mis un seul élève à la porte. Je crois bien que c'est de ça que je suis le plus fier ! »

> *Pour que des réformes puissent être imaginées, pensées et instaurées, elles nécessitent de ne pas souscrire à ce pessimisme ambiant qui nous invite en permanence à nous demander si nous pouvons « avoir confiance en nos institutions ».*

Par expérience, chaque classe est toujours l'occasion d'une rencontre étonnante, une sorte d'individu étrange et tout à fait singulier, avec lequel on est invité, bon an mal an, à parcourir un bout de chemin unique. Nos plus mauvais professeurs, sur le plan du savoir, ne sont pas forcément ceux avec lesquels nous avons passé les pires moments, et ils se trouvent bien souvent associés à des moments inoubliables.

Mais le pessimisme ambiant, qui se drape derrière un prétendu souci de mesure, nous invite en permanence à nous demander si nous devons «avoir confiance en nos institutions». Cette question pèche par une formulation pour le moins insidieuse, puisqu'elle introduit d'emblée une suspicion. Que nous éprouvions certains mécontentements dans notre expérience personnelle n'autorise pas à conclure que l'institution est obsolète. Que des réformes soient envisageables ne signifie pas non plus qu'une institution ait perdu sa valeur. Au contraire, pour que de telles réformes puissent être imaginées, pensées et instaurées, elles nécessitent de ne pas souscrire à cette paresseuse défiance générale. Après vingt ans d'enseignement, l'école m'apparaît comme un merveilleux terrain de jeu, où de puissantes rencontres continuent de se nouer, où chacun est invité à se transformer au contact des autres et d'un savoir qui reste offert à qui veut bien s'en emparer. Elle comporte certainement des imperfections, mais elle offre aussi des espaces d'exploration, d'expérimentation, qu'il nous est loisible d'investir pour délivrer quelques indications sur de possibles améliorations. Et elle reste un des lieux, par excellence, où chacun est invité à faire l'expérience de ce «faire confiance» si essentiel à notre construction. Plutôt que de s'abandonner à une dévaluation toujours très incertaine dans son diagnostic, gardons à l'esprit qu'il est toujours en notre pouvoir de relayer la puissance discrète de nos institutions en inscrivant inlassablement cette exigence de «faire confiance» dans nos gestes quotidiens.

*Dépasser
la trahison*

10

Quand la trahison malmène la confiance

Il nous est tous arrivé de faire l'amère expérience de la trahison. Les blessures infligées à cette occasion ne se réduisent pas à des déceptions ordinaires. Elles laissent une empreinte profonde dans notre mémoire et saignent parfois encore longtemps en silence. Être trahi, c'est être cueilli à froid par l'action d'une personne sur laquelle on avait misé et dont on n'imaginait pas qu'elle nous causerait autant de tort. Le traître est celui qui malmène notre fragilité, profite de notre vulnérabilité pour nous désavouer, nous affaiblir, nous humilier parfois. En ce sens, une telle épreuve représente sans doute le frein le plus puissant au geste de faire confiance, car elle révèle ce qui peut arriver de pire lorsque nous concédons trop d'espace à la malveillance de l'autre. Elle est en quelque sorte l'envers de ce pouvoir que nous conférons aux autres quand nous leur faisons confiance.

La douleur d'être trahi

Ce qui rend la trahison si douloureuse, c'est tout d'abord son impact. Elle est en effet toujours plus grave qu'une déception, car elle ébranle des pans entiers de nos existences et compromet des équilibres qui se sont parfois établis sur de nombreuses années. La découverte d'un adultère, par exemple, ne se réduit pas à la douleur de voir une relation amoureuse s'achever. À la différence d'une rupture consentie, assumée, l'infidélité détruit rétroactivement tout le sens de ce qui avait été construit. Elle met sa victime entre parenthèses et la contraint à réévaluer la cohérence de toute une partie de sa vie, qui s'éclaire brutalement d'une lumière étrange. Être trompé conduit à une terrible remise en cause, quand on découvre que ce que l'on imaginait acquis ne l'était pas et que nos actes n'avaient pas le sens qu'on leur donnait. La trahison nous dépossède littéralement de notre passé, ce qui est d'autant plus douloureux qu'il n'est plus possible de revenir en arrière pour reprendre un peu d'emprise sur la situation. Le film de Kryzstof Kieślowski, *Bleu*, décrit bien cet état de flottement à travers le périple de Julie, qui découvre, peu après la mort tragique de son mari dans un accident de voiture, qu'il entretenait une liaison. À la souffrance provoquée par la perte de l'autre s'ajoute la mise en suspens de sa propre identité. Comment réussir à se définir lorsque l'autre emporte avec lui la clé de notre identité ? Faire le deuil d'un être cher n'est pas la même chose que perdre quelqu'un dont on ne sait plus exactement s'il nous aimait autant que nous l'imaginions. Il est particulièrement difficile de reprendre appui sur un sol aussi incertain.

Mais ce qui fait également de la trahison une épreuve aussi redoutable, c'est que la destruction radicale qu'elle enclenche repose parfois sur de tout petits gestes, des « presque-rien », dont on pressent confusément qu'ils auraient pu ne jamais se produire. La frustration est nettement plus intense quand on constate que l'ampleur irréversible des dégâts occasionnés aura tenu à peu de choses, à une simple occasion dont le traître se sera finalement emparé pour tout remettre en question. Il suffit de peu, d'une simple parole, ou au contraire d'un silence, d'une circonstance particulière, d'un geste isolé, pour acter une trahison. Ainsi, cet ami que nous imaginions fidèle et qui demeure désespérément silencieux au plus fort d'une violente altercation où l'on aurait espéré qu'il prenne ardemment notre parti. Dans ce bref intervalle, quelque chose s'est produit, qui vient ternir la relation et fissure de manière définitive notre amitié.

> *Il suffit de peu, d'une simple parole, ou au contraire d'un silence, d'une circonstance particulière, d'un geste isolé, pour acter une trahison*

Le fameux geste de Zinedine Zidane, en finale de la coupe du monde de football 2006, a été ressenti comme une immense trahison par tous les supporters français. Le joueur le plus talentueux de sa génération, alors au sommet de son art, dispute le dernier match de sa carrière, après un parcours époustouflant dans une compétition qu'il a littéralement survolée. À quelques minutes de la fin, alors que son équipe domine, il anéantit les espoirs de tout un peuple par un geste ahurissant, définitif. Ce coup de tête qu'il assène à l'un de ses adversaires, à la suite d'une banale altercation, lui vaut une exclusion immédiate qui conduit son équipe à la défaite. Mais plus encore que la défaite, qui est une composante inévitable de toute confrontation sportive, c'est le fait qu'elle ait été causée par celui dont on était légitimement en droit de tout attendre qui l'a rendue si traumatisante. Dans l'esprit de tous, Zinedine Zidane était le joueur qui avait offert pour la première fois le titre mondial à la France et avait ainsi permis à de nombreux supporters de surmonter un complexe enraciné depuis de nombreuses années. Par ailleurs, sa performance était ce jour-là plutôt bonne, puisqu'il avait marqué un but somptueux d'audace et de panache, et qu'il pesait de tout son poids sur la rencontre. Il n'était donc pas dans un «jour sans», ce qui lui aurait été plus facilement pardonné. L'élément déclencheur de son geste reste enfin très mystérieux. Il n'a subi aucune brutalité qui aurait pu expliquer une sorte de mouvement réflexe et semble avoir simplement réagi à une banale provocation verbale, chose extrêmement fréquente à ce niveau de la compétition, à plus forte raison pour un joueur de ce talent dont c'était le lot quotidien. Pour couronner le tout, ce geste est le dernier qu'il aura accompli en match officiel, puisqu'il scelle purement et simplement la fin de sa carrière internationale et condamne, sans rattrapage possible, tous ses supporters à rester sur cette fausse note, bien indigeste malgré toutes les joies que le joueur leur avait apportées auparavant. Les supporters, abasourdis, n'oublieront jamais que Zidane n'est qu'un homme, donc libre, faillible et imprévisible, et que c'est en homme ordinaire qu'il a entamé cette nouvelle phase de son existence.

> *C'est le pressentiment que les choses auraient pu être autrement qui fait de la trahison un poison.*

C'est ce pressentiment que les choses auraient pu être autrement qui fait de la trahison une sorte de poison. Nous sommes sans cesse tentés de refaire le parcours qui a conduit à l'acte dont nous avons eu à souffrir, à accompagner par l'imagination celui qui a finalement choisi de nous nuire et à buter indéfiniment sur le même point, cet instant où tout a basculé et dont nous sentons bien qu'il n'avait rien d'inéluctable.

Le dernier aspect de la trahison qui en fait une si pénible expérience, c'est qu'elle surgit toujours brutalement. « Je n'avais vraiment rien vu venir ! », témoigne généralement la victime. La trahison demeure de ce fait, la plupart du temps, incompréhensible, ce qui en accroît l'impact négatif. Nous faisons régulièrement l'expérience de circonstances qui peuvent nous conduire à échouer dans l'un ou l'autre de nos projets. En dépit du désagrément qu'occasionnent de tels revers, il est toujours possible de les accepter, quand on comprend qu'ils sont la conséquence de forces identifiables et nécessaires. Il est même certain que de telles expériences contribuent à nous renforcer en nous rendant plus attentifs encore à tous les indicateurs susceptibles de mener un projet à la réussite. Mais la trahison garde toujours une part d'opacité, par quelque biais qu'on l'aborde, ce qui entretient l'amertume et l'insatisfaction. Elle se soustrait indéfiniment à la compréhension, en dépit de tous nos efforts. Si je m'en réfère à mon parcours, dans les quelques festivals que j'ai eu l'occasion de mettre sur pied, les déconvenues occasionnées par une météo peu clémente (formule qui relève parfois d'un bel euphémisme !) ne me laissent aucun souvenir négatif, parce que c'est la règle du jeu et qu'elles ont parfois donné naissance à de très belles solidarités, tandis que les « défaillances » volontaires, ciblées, qui ont pu se produire ici ou là ont toujours laissé une empreinte plus forte, parce qu'on n'en comprend définitivement pas la raison.

Quand la confiance vient à manquer

Dans son film *À propos d'Elly*, Asghar Farhadi s'attache à dépeindre avec finesse l'effet destructeur qu'une telle incompréhension engendre au cœur d'une famille qui pense avoir été victime d'une trahison. Jeune femme réservée, Elly est invitée par une amie qu'elle connaît depuis peu à passer un week-end au bord de la mer, au sein d'une grande famille manifestement très soudée. Elle partage avec ses hôtes des moments de joie pure, en toute simplicité, et accueille avec une réserve discrète les marques de bienveillance dont elle fait l'objet. Dans ce cadre idyllique, on lui confie la surveillance d'un jeune garçon qui se baigne dans l'océan, tandis que les autres partent faire quelques courses. À leur retour, les membres de la famille découvrent que l'enfant a manqué de se noyer et en déduisent qu'Elly n'a manifestement pas assuré son rôle protecteur. Plus grave encore, elle a mystérieusement disparu. Passée la première frayeur sur l'état du garçon, qui s'en sort sans dommage, vient le temps de la colère et des interrogations sur ce qui apparaît comme une terrible trahison. Tout le film est bâti sur l'exploration de cet état traumatique, qui va mettre à l'épreuve l'unité de la famille. Chacun propose sa lecture de l'événement et s'interroge sur l'étrange Elly, dont le mystère s'épaissit au gré de scénarios imaginaires. Qui est cette femme ? Une manipulatrice, une irresponsable ? Avait-elle une raison de leur en vouloir ? S'est-elle tout simplement noyée ? Une atmosphère de tension et de reproches s'installe rapidement. Fallait-il ouvrir le cercle familial à cette étrangère ? Et qui en a eu l'idée ? N'est-ce pas la faute de celle qui lui a inconsidérément ouvert la porte ? L'incertitude engendrée par ce geste incompréhensible fissure la belle entente initiale et fait éclater au grand jour les rancœurs, les disparités et les tensions qui sommeillaient jusque-là. Disputes, règlements de comptes, accusations et insinuations se substituent peu à peu à la paisible harmonie. On pressent que, pour cette famille, rien ne sera jamais plus comme avant. La trahison, ou du moins ce qui semble en être une, a détruit un équilibre fragile qu'il sera sans doute impossible de restaurer.

La tentation d'une confiance sécurisée

Par son impact négatif sur des aspects essentiels de nos vies, par l'empreinte persistante qu'elle laisse en nous à travers ce mélange de frustration et d'incompréhension, la trahison pourrait bien nous faire regretter d'avoir fait confiance et nous inciter à davantage de retenue.

De ces moments douloureux où le sol se dérobe sous nos pieds, entraînant avec lui la chute de pans entiers de nos existences, nous sommes généralement tentés de retenir deux idées dont l'emprise demeure ensuite tenace.

La première, c'est qu'il ne faudrait jamais « trop » faire confiance. En effet, il est tentant de penser que si le traître a pu nous toucher à ce point-là, c'est parce que nous lui avons laissé trop d'emprise sur notre intimité. L'idée qui ressort confusément de nos diverses déconvenues, amoureuses ou amicales, c'est qu'il faudrait mieux doser sa confiance et ne se livrer que par étapes.

La seconde conclusion qui s'impose à notre esprit lorsque nous sommes trahis, c'est que certaines personnes ne seraient pas fiables – la personne qui a trahi en est d'ailleurs la preuve indiscutable. La fiabilité serait une qualité rare. Pour accorder sa confiance en toute sécurité, il faudrait se donner le temps de vérifier, d'éprouver la solidité de l'engagement de l'autre (bien sûr, nous pensons toujours que le traître, c'est l'autre).

Ces deux idées constituent le socle puissant d'une pseudo-sagesse qui prétend nous aider à ne plus « nous faire avoir » en installant dans nos relations des périodes de test et de mise à l'épreuve supposées nous fournir d'indispensables garanties contre la trahison. « Ne pas se confier aux inconnus », « ne pas s'enflammer », « Laisser du temps au temps » : autant d'injonctions qui font de l'attente prudente la clé de toute relation sereine.

Le baromètre des sentiments

Une telle sagesse suppose que la trahison aurait pu être évitée par une meilleure connaissance de l'autre. D'où la nécessité de périodes « probatoires » qui permettraient de s'apprivoiser, de se jauger, et augmenteraient nos chances d'éviter la trahison en nous invitant à réserver la mise à nu de notre fragilité au cercle très étroit de nos intimes, à ce « premier cercle » dont nous sommes certains que rien de négatif ne pourra sortir.

Connaître *vraiment* quelqu'un, c'est éprouver une affinité, entretenir une relation au cours de laquelle nous avons pu nous assurer de ses qualités et de sa bienveillance à notre égard. Dans la sympathie, l'amitié ou l'amour se révèlent progressivement des facettes de l'autre sur lesquelles nous pensons pouvoir compter indéfiniment. Cette expérience du lien affectif nous incite donc à mesurer notre confiance à l'aune de nos sentiments.

La parade à la trahison consisterait donc à attendre que s'installe un sentiment de confiance, conséquence de liens patiemment entretenus, avant de prendre le risque de faire confiance ; à tisser autour de soi un réseau solide d'amis qui nous protègent et dont aucune mauvaise surprise ne saurait émerger ; à ne se mouvoir que dans un contexte stable et transparent ; à se limiter à un noyau dur, à cette tribu où chacun offre un appui indéfectible aux autres et à conserver avec le reste du monde une distance prudente.

Mais une telle manière d'aborder les relations affectives relève sans doute du pur fantasme. À bien y regarder, les trahisons ne viennent-elles pas toujours de ce premier cercle et le traître n'est-il pas précisément celui qui nous atteint parce qu'il est au plus près de nous ? Dans le film d'Asghar Farhadi, les membres de la famille vont se porter des coups très rudes et s'infliger de profondes souffrances parce qu'ils sont convaincus qu'Elly, l'inconnue, est coupable. Emportés par leur colère et leurs interrogations, ils détruisent le cadre paisible de leurs

> *L'expérience du lien affectif nous incite à mesurer notre confiance à l'aune de nos sentiments*

relations. Mais lorsqu'il s'avère qu'Elly s'est noyée en essayant de sauver l'enfant, on découvre que la véritable trahison, c'est précisément cette violence que ces frères et sœurs se sont brutalement témoignés à la première embuche, aux antipodes du tableau parfait qu'offrait en apparence leur fratrie.

On voit bien, à travers ce film, que l'intimité affective et la confiance sereine ne protègent en rien de la trahison, puisque celle-ci vient toujours de nos proches. Force est de reconnaître que les blessures les plus humiliantes nous sont toujours infligées par cette garde rapprochée dont nous avions espéré qu'elle nous protègerait. Si la trahison est si difficile à digérer, si elle infuse comme un poison dans nos mémoires, ce n'est pas seulement parce qu'elle déjoue nos plans, c'est parce qu'elle émane de ces personnes à qui nous sommes les plus liées affectivement. S'il y a de l'inconnu, il ne se situe pas où nous l'imaginons : voilà ce que le film d'Asghar Farhadi réussit à nous faire admirablement sentir.

11

La fausse sécurité de nos affections

Cette connexion profonde entre trahison et sentiment remet fortement en question la prudence qui voudrait que nous ayons confiance avant que nous fassions confiance. En fait, le proche, l'ami de toujours, l'amant ne sont pas plus fiables que les autres. Plus exactement, c'est de ce mot « fiable » qu'il faudrait se méfier ! Qu'attendons-nous des autres lorsque nous projetons sur eux un tel impératif, lorsque nous leur assignons un rôle statique de gardien fidèle de nos intérêts ? N'est-ce pas une négation de leur liberté, de l'excès et de l'écart qui les rendent pourtant si humains ? Dire à quelqu'un « Toi, tu ne me décevras pas » est loin de constituer une marque de respect. Cela revient plutôt à exiger le renouvellement automatique d'une bienveillance qui nous semble acquise et à dénier à l'autre une quelconque possibilité de choix. Soudain, cet ami, ce frère que nous pensions connaître par cœur, de qui nous n'attendions que bienveillance et soutien, dont nous vantions les mérites, sort du cadre que nous avions insidieusement tracé autour de lui pour nous rappeler qu'il est, par nature, toujours plus et autre que ce à quoi nous avons tendance à le réduire.

L'erreur vient du fait que nous confondons aimer et connaître. Si l'amitié ou l'amour fournissent l'impression d'une telle connaissance, c'est parce qu'ils s'étendent dans la durée.

L'ami proche est celui qui, jusque-là, a toujours su se montrer bienveillant et a accumulé les manifestations positives à notre égard. La répétition dans le temps de ces marques positives nous incite à le percevoir comme définitivement acquis à notre cause. De là, l'idée d'une prévisibilité réconfortante.

Mais cette confiance qui peut naître de relations stables ne nous autorise pas à conclure à l'impossibilité d'un écart. Bien que la trahison soit une expérience traumatisante, croire qu'on en est protégé par un lien durable est illusoire. La brûlure de la trahison provient peut-être même en grande partie de cette erreur d'appréciation qui nous aura laissé imaginer que nous étions à l'abri. Mais ni l'amitié ni l'amour ne rendent l'autre définitivement transparent.

C'est toujours un peu de soi qu'on aime à travers l'autre

D'abord parce qu'aimer, c'est toujours projeter une part de soi sur l'autre, apprécier chez lui, par un jeu de miroir, des qualités que nous aimons parce qu'elles nous renvoient à nous-mêmes. Ce qui constitue une première forme d'impasse. Le lien affectif est simplement un état durable de plaisir que nous éprouvons en présence d'une personne, plaisir qu'elle parvient à provoquer régulièrement. Que ce plaisir naisse d'une ressemblance (aimer retrouver chez l'autre des qualités que nous possédons déjà) ou d'une différence (s'attacher à des qualités qui nous font défaut ou qui contrastent avec ce que nous sommes et dont nous souhaitons nous « enrichir »), le fait d'aimer ne signifie pas que nous ayons réussi à sortir de nous-mêmes. Le lien affectif comporte une forte part de narcissisme, qui voile imperceptiblement la perception que nous avons de l'autre. Nous nous attachons au plaisir que ses qualités nous procurent, mais cela ne nous rend pas nécessairement plus attentifs à l'autre. L'idée d'une connaissance achevée, complète et infaillible de l'ami ou de l'être aimé paraît donc pour le moins ambitieuse.

Dans un bel aphorisme de *Ainsi parlait Zarathoustra*, intitulé « De l'ami », Nietzsche dénonce cette dimension intéressée de l'amitié, incapable de nous faire sortir de nous-mêmes : « Vous invitez un témoin quand vous voulez dire du bien de vous-même ;

> *Le lien affectif comporte une forte part de narcissisme, qui voile la perception que nous avons de l'autre. Nous nous attachons au plaisir que ces qualités nous procurent, mais cela ne nous rend pas nécessairement plus attentifs à l'autre*

et quand vous l'avez induit à bien penser de vous, c'est vous qui pensez bien de vous. » Cet ami auquel nous nous croyons attachés ne l'est que par sa fonction de témoin, dévoué à la confirmation de nos propres qualités. Ce n'est pas à lui que nous nous intéressons, mais au fait qu'il nous fournit régulièrement l'occasion de nous réjouir d'être ce que nous sommes. À cette amitié autocentrée, Nietzsche oppose un idéal plus exigeant : « Je vous enseigne l'ami qui porte en lui un monde achevé, l'écorce du bien – l'ami créateur qui a toujours un monde achevé à offrir. » Plutôt que de chercher en nos amis des béquilles, de pâles reflets de nous-mêmes ou de vulgaires compléments, il faudrait y voir le tout-autre. L'amitié véritable devrait nous imposer le défi d'un voyage absolu, d'une étrangeté radicale, d'un saut hors de soi, en un monde inconnu. Comment ne pas songer de nouveau à nos deux compères Don Quichotte et Sancho Panza, que rien ne semble devoir réunir, mais qui finissent par s'attacher de la plus incroyable des manières !

La dimension narcissique du lien affectif ne nous met donc pas à l'abri des surprises, bien au contraire. Quand nous n'aimons chez l'autre que ces qualités que nous avons ou aimerions avoir en commun, en négligeant toutes celles qui échappent à notre attention, nous ne pouvons qu'être pris de court quand ces dernières se manifestent. C'est ainsi que certaines familles finissent par rejeter l'adolescent au moment où il dévoile une orientation sexuelle qui ne correspond pas à la norme imposée. La découverte brutale de cette altérité, qui nous confronte à des facettes que nous négligions jusque-là, peut nous déstabiliser profondément, au point d'être vécue comme une trahison. Le fait que nous refusions de les prendre en compte incite en effet celui qui se voit ainsi amputé d'une partie de son identité à en amplifier l'expression pour nous les faire admettre.

La séduction ne laisse entrevoir que des fragments d'identité

Toute relation affective fait intervenir une part non négligeable de séduction, qui consiste à ne mettre en avant que des aspects choisis de nos personnalités. Cet inévitable jeu de flatterie nous incite à apparaître sous notre meilleur jour et à dissimuler les zones d'ombre. Le but est d'éveiller chez l'autre un sentiment équivalent à celui que nous éprouvons envers lui afin de bâtir une relation durable. Pour y parvenir, il est essentiel de paraître posséder certaines qualités. Sentir ce qui plairait à l'autre et lui en offrir l'apparence constitue la règle la plus élémentaire de toute séduction. L'intensité d'un amour ou d'une amitié, la fulgurance du lien ou, au contraire, son tissage patient n'excluent pas que des pans entiers de l'identité de l'ami nous échappent. Nous ne connaissons des autres que ce qu'ils veulent bien nous montrer, aussi longtemps qu'ils font l'effort de nous plaire.

Le cas de Jean-Claude Romand, en fournit une illustration tragique. Pendant dix-huit ans, cet homme discret a persuadé sa famille et ses proches qu'il était médecin à l'OMS, entretenant un mensonge total sur le contenu de ses journées. Il a fini par assassiner ses enfants, ses parents et sa femme, sans doute parce que cette dernière était sur le point de le démasquer. Cet exemple extrême souligne l'écart parfois vertigineux qui peut exister entre ce que nous aimons d'une personne et ce qu'elle est véritablement. Une proximité répétée et la durée d'une relation n'y changent rien. L'autre déborde toujours de beaucoup l'image que nous nous faisons de lui et conserve d'irréductibles parts d'ombre.

La plus authentique des amitiés ne nous rend donc jamais l'autre transparent, car elle est toujours teintée de narcissisme et biaisée par les jeux de séduction. L'idée de faire confiance « en toute sérénité » apparaît alors comme une ambition vaine. Même les gens que nous pensons « connaître par cœur » nous échappent. La durée d'un lien affectif nous semble toujours le gage d'une connaissance complète de l'autre, mais cette croyance est sans fondement. Plus encore, il se pourrait que la proximité affective crée, par certains aspects, les conditions de la trahison. Car aimer contribue à nous rendre à la fois plus fragiles et plus exigeants à l'égard de nos proches. Ces deux facettes du sentiment pourraient bien être le germe de nos déconvenues ultérieures.

Quand l'intimité nous invite à baisser la garde

Les liens affectifs naissent du plaisir que les autres nous procurent. L'image du « lien » désigne d'ailleurs de manière explicite la dépendance que nous pouvons ressentir vis-à-vis d'un tel plaisir. Plus il est rare et intense, plus nous l'apprécions, et plus nous dépendons de la personne qui nous le procure. C'est ce qui distingue la sympathie de l'amitié. La sympathie est faite de joies simples, courantes, peu profondes et faciles à provoquer. C'est en toute sincérité que nous multiplions ces échanges quotidiens, légers et agréables, mais qui ne nous attachent guère, car ils sont souvent furtifs. On peut ainsi partager une conversation plaisante avec un collègue, puis ne plus se soucier de lui tant qu'on ne le croise pas de nouveau.

L'amitié, au contraire, se distingue par le caractère unique et puissant des joies qu'elle provoque en nous. C'est la singularité de l'ami qui nous touche, nous surprend, nous plaît, et nous glissons imperceptiblement dans une forme de dépendance lorsque nous comprenons, instantanément dans une fulgurance affective ou au fil du temps, que peu de personnes seront capables de nous procurer autant de plaisir. Ce que nous apprécions particulièrement chez nos amis proches, ce sont ces qualités saillantes dont ils paraissent avoir l'exclusivité : la franchise extrême de l'un, la curiosité attentive de l'autre, le sens de la repartie d'un troisième nous deviennent progressivement essentiels par la coloration savoureuse qu'ils apportent à notre monde.

Ressentir des émotions positives intenses et constater qu'elles proviennent chaque fois de la même personne nous incite à conclure à sa bienveillance envers nous : il paraît logique de considérer que cet ami de longue date ne peut vouloir que notre bien. Ce qui conduit inévitablement à baisser la garde. C'est dans les intervalles créés par ce relâchement que les trahisons peuvent s'installer. Parce qu'il nous plaît de percevoir l'ami comme définitivement sûr, nous lui offrons l'opportunité de nous blesser. Nous ne concevons pas que celui qui a su se rendre si important à nos yeux puisse désirer autre chose que de continuer indéfiniment ainsi.

Pourtant, chacun a connu l'amertume, à un âge où l'expérience amoureuse est encore balbutiante, de voir un de ses amis abandonner brutalement sa bienveillance sous l'influence de nouvelles circonstances et exploiter pour son compte les confidences qu'il avait reçues. C'est un des grands classiques de la trahison. Nous nous confions à ce proche en espérant qu'il saura nous appuyer dans notre conquête amoureuse, en

> *Parce qu'il nous plaît de percevoir l'ami comme définitivement sûr, nous lui offrons l'opportunité de nous blesser*

faisant de lui un intermédiaire, le fidèle porte-parole de nos émois, et nous constatons à nos dépens qu'il exploite sa mission comme une occasion rêvée de servir son intérêt, au prix d'une cuisante désillusion.

Le lien affectif, terrain privilégié du manipulateur

Se sentir en confiance ne signifie pas nous ayons toutes les raisons de l'être. Il est très difficile, en effet, de distinguer la séduction de la manipulation, car toutes deux recourent à des procédés similaires pour provoquer une émotion forte chez l'autre. Mais là où la séduction envisage le bien de la personne sur laquelle elle s'exerce, la manipulation ne vise qu'à en faire tomber les défenses. Séduire, c'est plaire avec l'idée que la satisfaction pourrait être réciproque, alors que manipuler, c'est prendre un avantage sur l'autre par le sentiment qu'on suscite chez lui.

C'est dans cette ambiguïté qu'évolue tout bon manipulateur. Il imite en tous points l'ami, provoque de manière délibérée et avec talent ces fortes émotions susceptibles de nous attacher, tout en dissimulant avec art son intention véritable. Il ne cherche qu'à endormir notre vigilance pour nous utiliser à satisfaire un dessein plus discret, souvent peu compatible avec nos intérêts. Ce qu'il cherche à provoquer, c'est précisément cette impression de sécurité sur la base de laquelle nous le laisserons plus aisément agir à sa guise. Lorsque nous prétendons nous appuyer sur un sentiment de confiance pour estimer la fiabilité de l'autre, rien ne nous certifie, par conséquent, que ce sentiment n'a pas été délibérément provoqué.

J'aime commencer mon cours de philosophie par cette question directe à mes élèves : « Pensez-vous que vous devez me faire confiance ? » Leur première réponse est toujours à peu près celle-ci : « Non, car on ne vous connaît pas. On va attendre un peu de voir à qui on a affaire et puis on vous laissera progressivement un peu de marge, si on a un bon feeling. » Pour leur prouver la fragilité de cet argument, je leur dresse le portrait d'un professeur manipulateur dont ils constatent assez vite qu'il s'agit d'une figure familière : un homme un peu fatigué d'enseigner, las de se répéter, usé par la confrontation toujours brutale la mauvaise foi des générations successives, qui aurait progressivement perdu la flamme. Mais il ne peut se résoudre à quitter une place qui lui permet d'assumer ses crédits et ses responsabilités. Pour un tel professeur, la seule manière d'atteindre sans encombre le terme de sa carrière consiste à masquer soigneusement cette triste réalité, sous peine de devoir se justifier et d'entamer d'interminables procédures de reclassement à l'issue incertaine. Dans une telle perspective, l'outil le plus imparable n'est-il pas de cultiver délibérément une forme de sympathie, de désamorcer par avance toute forme de contestation ou de publicité ? Une approche débonnaire, voilant dans la douceur son renoncement et l'absence de contenu de son enseignement, est incontestablement la meilleure stratégie. En d'autres termes, cette sympathie tant recherchée par les élèves chez l'enseignant, qui leur sert de mesure pour en évaluer la fiabilité, n'est-elle pas au contraire la plus ordinaire des manipulations, qui lui permet de désarmer son auditoire et de neutraliser l'esprit critique de ceux dont la voix pourrait s'avérer dangereuse. Toute manipulateur maîtrise l'art de se dissimuler, ce qui le rend difficilement détectable. Les plus vigilants de mes élèves me font alors en général une ultime remarque : « Monsieur, en nous révélant cela, vous vous rendez inévitablement sympathique à nos yeux, n'est-ce pas ? » C'est incontestable.

Le sentiment de confiance que nous procurent nos relations affectives n'est donc en aucun cas un repère infaillible. Imaginer que l'on ne risque rien, relâcher son attention, revient à s'exposer davantage aux manipulateurs, passés maître dans l'art d'inspirer la confiance pour mieux servir leurs intérêts.

Une confiance chargée d'attente

Tout lien affectif est marqué par une dimension possessive et une exigence conservatrice. Aimer nous incite toujours à peser sur la liberté de l'autre, même discrètement, ce qui est sans doute l'un des germes de la trahison. Car si une amitié ou un amour perdurent, ce n'est pas seulement parce qu'une affinité désintéressée s'est mise en place, comme par magie, entre deux êtres. Un sentiment se nourrit d'échanges mutuels, de témoignages réguliers. Sans cet effort constant, il est toujours menacé d'extinction. Pour qu'il demeure à un haut niveau d'intensité, il est nécessaire d'exercer un mouvement, discret mais bien réel, par lequel on incite l'autre à rester tel qu'il est.

Autrement dit, aimer, c'est faire pression sur l'autre pour qu'il se maintienne dans la disposition qui l'a rendu si plaisant à nos yeux. Nous ne voulons pas que les êtres que nous aimons changent. Aimer, en amitié comme en amour, c'est peser sur la liberté de l'autre, entreprendre d'en restreindre les mouvements. « On ne devrait jamais laisser ses amis sans surveillance ! », clame l'un des personnages de la pièce de Yasmina Reza, *Art*, lorsqu'il constate que son ami de quinze ans lui est brutalement devenu insupportable.

Le lien affectif comporte donc une part de violence, discrète mais incontestable, que nous exerçons sur l'autre pour nous assurer qu'il ne déborde pas du cadre défini par nos attentes. Nous n'aimons pas nos amis pour tout ce qu'ils pourraient être, mais pour le plaisir que nous apportent leurs qualités. Dès lors, l'idée qu'ils puissent changer nous inquiète et nous semble intolérable, et nous travaillons alors silencieusement à empêcher de telles évolutions.

Cette pression joue un rôle incontestable dans la trahison. En étouffant l'autre sous le poids d'une confiance chargée d'attentes, d'exigences répétées, nous contribuons à aiguiser sa liberté. Le caractère possessif, normalisant, aseptisé, d'un sentiment stable constitue un appel très fort en direction du « tout autre ». C'est par là que le lien affectif, loin d'être une assurance contre la trahison, contribue en grande partie à en préparer le terrain. Se montrer trop confiant envers nos proches finit par écraser leur liberté. Ce n'est sans doute pas la meilleure façon de leur rendre hommage ou de les respecter.

12

Le sens positif de la trahison

Il est confortable de ne voir dans la trahison que la manifestation d'une facette obscure de l'ami, à laquelle nous n'aurions pas suffisamment prêté attention, car une telle approche nous exonère de toute responsabilité. « Je n'aurais jamais imaginé ça de lui ! », s'exclame-t-on le plus souvent, devant l'évidence. Mais cette explication n'épuise pas tout le sens de ce qui se joue dans ces moments-là. La trahison exprime bel et bien quelque chose de la liberté de celui qui soudain nous blesse tant, parce qu'il décide de s'extraire du cadre oppressant de nos attentes. Il est peut-être plus difficile de l'admettre, mais nous contribuons en grande partie à provoquer ces déconvenues.

Cet aspect nous échappe généralement, car le geste du traître engendre instantanément une condamnation sans appel, qui invite à le réduire au silence. Chacun ne veut se souvenir de la trahison qu'en tant que victime. Le rôle est plus confortable. Quant au traître, c'est son acte qui parle à sa place, tout est dit. Le lâche, le misérable, le salaud n'aura pas voix au chapitre – et nous en chercherons même pas à tenter au moins de comprendre le sens de son action.

Pourtant, nous connaissons bien la trahison, et pas seulement en tant que victime. Si elle nous est aussi familière, ce n'est pas parce que « les gens sont pourris », mais parce que chacun de nous y a déjà songé, parce que nous en sentons parfois le souffle, tout près. L'idée nous effleure, nous hante et parfois nous emporte. Quand on aborde la question, chacun marque un silence, et on devine quelques ombres furtives derrière un regard qui hésite à avouer que, bien sûr, il a déjà trahi ou qu'il a pu y songer. Loin d'être une exception, la défaillance de la trahison nous est familière, car elle est indissociable de notre liberté.

Une manifestation de notre liberté

La trahison est sans doute une expression ultime, douloureuse et violente de la liberté, et pas seulement une méchanceté gratuite. Le traître ne nous blesse pas à cause d'une facette vicieuse ou perverse qui le condamnerait à nous nuire, mais parce qu'il est libre, ce qui rend son geste si difficile à anticiper. Trahir, c'est se dégager, reprendre sa liberté, secouer le joug d'une attente trop pesante, qui menace peut-être de nous annihiler.

La trahison est souvent une surprise, pour celui qui la subit, mais aussi pour celui qui en est l'auteur. C'est d'ailleurs ce qui la rend si douloureuse. Loin d'être la conséquence d'un mécanisme inéluctable, d'une force implacable qui serait vouée à s'abattre sur nous, elle est plutôt le fruit d'un concours de circonstances. Le traître ne prémédite pas nécessairement ce qu'il va faire, mais apparaît comme une figure indécise, qui bascule du mauvais côté, à la faveur d'une occasion qui aurait pu tout aussi bien ne jamais se produire. Il est un fils de l'instant, du hasard, qui concrétise en un seul geste une simple possibilité.

L'amant trompé peut, à juste titre, être hanté par l'impression que son destin aurait pu être différent, si les circonstances n'avaient pas fourni les conditions propices à son infortune. Plus encore que l'infidélité, ce qui induit la plus grande souffrance, c'est le fait de sentir, confusément, que celle-ci aurait tout aussi bien pu ne pas être. Malgré la gravité de son geste, le traître aime encore sans doute comme avant, mais le retour en arrière paraît désormais impossible.

Vertige de l'amour : la trahison gratuite

Une très belle scène du dernier film de Stanley Kubrick, *Eyes Wide Shut* (littéralement, « les yeux grand fermés » !), souligne cette idée que la trahison est une possibilité permanente qui plane sur toute relation affective. Au cours d'une dispute autour de la routine dans laquelle s'enlise leur couple, Alice Hartford confie à son mari William qu'elle n'est pas la personne définitivement acquise qu'il imagine et qu'il n'a pas le monopole des fantasmes. Elle lui révèle avoir connu un instant d'hésitation absolue, un an plus tôt, au passage d'un parfait inconnu, dont elle affirme qu'elle l'aurait suivi instantanément s'il lui avait manifesté le moindre intérêt. Loin d'une quelconque légèreté, c'est au cœur du plus sincère des amours, celui qu'elle voue à son mari et à sa fille, qu'elle découvre, à son insu, à quel point elle reste libre, insaisissable. La puissance de ses sentiments pour eux ne suffit pas à gommer une liberté qui conserve toujours la possibilité de choisir l'autre direction, aussi absurde soit-elle.

L'angoisse du vide est moins une peur de la mort que le vertige de sentir que nous pouvons encore sauter. Au bord du précipice, nous mesurons toute l'étendue de notre liberté, car l'évidence de la mort qui nous attend ne suffit pas à nous protéger de nous-mêmes. Dans une telle expérience se dévoile l'étendue de notre pouvoir de décision, qui excède toute raison, tout calcul, tout bon sens. Au cœur d'un amour ou d'une amitié, si stables, acquis et sincères qu'ils puissent être, nous pouvons éprouver un vertige similaire : sentir que ces sentiments n'existeront que si nous consentons à les nourrir, mais que nous pouvons tout autant les détruire – comme ça, pour rien. Trahir, surprendre, c'est donc parfois choisir de sortir du cadre, tout simplement parce que c'est possible. L'absence de mobile à ces gestes gratuits contribue à les rendre effrayants, mais l'idée d'en étouffer la possibilité par un resserrement du lien demeure parfaitement vaine. Ce vertige peut intervenir en toute situation, y compris les plus heureuses. Les sentiments les plus forts engendrent toujours une forme d'inquiétude, car ils posent la question de leur durée. Tout bonheur porte en lui le germe de sa propre fin. S'engager dans une relation qui connaîtra, qu'on le veuille ou non, une issue fatale, en raison de notre condition, engendre une angoisse qui peut nous conduire à fuir.

> *Au cœur d'un amour ou d'une amitié, nous pouvons en permanence sentir que ces sentiments n'existent que si nous consentons à les nourrir*

Aimer puissamment provoque une joie toujours mêlée de tristesse, lorsque nous nous projetons un tant soit peu dans le futur. « Fuir le bonheur de peur qu'il se sauve[13] », comme le murmure si bien Jane Birkin, revient à ne pas assumer l'immense responsabilité qu'il y a à aimer, à se défaire des entraves du sentiment, pour ne pas avoir à affronter les épreuves que la vie réserve à nos attachements les plus sincères, à travers le vieillissement, la maladie, les accidents qu'il nous faudra traverser avec ceux que nous voudrions garder à nos côtés. Il peut donc aussi avoir une forme de gravité dans ces accidents de parcours, qui ne se résument ni à une méchanceté perverse, ni à une simple inconséquence.

L'intensité, la sincérité ou la durée d'un sentiment ne permettent pas d'annihiler la liberté de l'ami ou de l'amant au point de le rendre définitivement lisible. Le jeu pesant de ces attentes affectives dans lesquelles nous nous installons ne fait qu'augmenter la pression et attise l'angoisse de sentir que nous sommes toujours au-delà de tout cadre, au point de nous inviter à en sortir parfois brutalement.

Le dernier « mot » d'un amour ?

La trahison peut parfois venir de loin et s'imposer comme le terme d'un parcours amoureux ou amical, comme une expression ultime qui n'aurait pas pu trouver d'autre forme et qui vient frapper celui qui la subit comme une dédicace parfaitement ciblée.

L'amour idéal est généralement présenté comme un état de sérénité où règne une confiance lumineuse qui permet de vaincre les obstacles. Il est cependant peu probable qu'un sentiment puissant puisse perdurer dans un tel contexte de fixité. Tout lien affectif impose en effet une double exigence : s'attacher à l'autre, concéder une certaine fragilité tout en conservant sa liberté, source même de l'intérêt que nous pouvons lui inspirer. Ce qui est plaisant dans toute relation amoureuse, c'est précisément de conquérir une liberté, savoureuse parce qu'incertaine, tout en s'efforçant de la préserver sous peine de tomber dans l'ennui. Le difficile art d'aimer nous impose donc de préserver ce subtil équilibre, en soi tout autant que chez l'être aimé, entre une dépendance et une liberté, sans que l'une déborde sur l'autre.

Mais il n'est pas simple de réussir à exprimer ce double aspect de l'amour. Dire à l'autre que nous l'aimons, c'est risquer de se montrer trop dépendant et de devenir inintéressant. Ne pas suffisamment le dire pourrait laisser imaginer que nous n'aimons pas. Tout langage amoureux oscille par conséquent entre ces deux pôles, et la durée d'un amour dépend de notre capacité à trouver des formes qui permettront d'exprimer conjointement ces deux dimensions opposées.

Le conflit plutôt que la confiance

Paradoxalement, c'est souvent le conflit qui réussit à condenser au mieux cette double exigence. Pour se disputer avec quelqu'un, il faut en effet l'aimer suffisamment, tout en conservant cette part de refus et de liberté, qui est en général la source de l'opposition. Par exemple, si notre compagne souhaite sortir seule et que nous nous sentons froissés par sa décision, s'emparer de n'importe quel prétexte pour créer un conflit nous permettra d'exprimer de manière voilée notre liberté mais également notre attachement, lequel, si nous l'exprimions ouvertement, nous ferait immédiatement passer pour quelqu'un de possessif.

L'amour s'exprime donc toujours à travers des jeux conflictuels beaucoup plus profonds qu'il n'y paraît, puisqu'ils dissimulent, par leur légèreté de façade, l'importance de ce qui se joue. Plutôt qu'une confiance statique et finalement morne, qui ne parvient pas tout à fait à mettre en lumière la liberté de l'autre, le conflit nous impose de « faire confiance » à l'autre, c'est-à-dire d'aller le chercher dans sa liberté, de le bousculer, sans savoir s'il l'acceptera. Il y a, dans chaque conflit, des moments d'incertitude où tout va

Le conflit nous impose de « faire confiance » à l'autre, c'est-à-dire d'aller le chercher dans sa liberté, de le bousculer, sans savoir s'il l'acceptera

être remis en jeu, l'espace d'un instant. C'est à nos proches que nous réservons le privilège des mots les plus durs, des phrases les plus blessantes, et c'est là que se joue la confirmation de notre liberté et de la leur. Dans l'agression verbale, nous montrons que notre liberté est intacte, mais nous espérons en secret que l'autre saura encaisser et répondre avec autant de vigueur, pour nous confirmer que la sienne l'est aussi. C'est souvent dans un de ces retours de flamme inspirés par la dispute que se manifestent ces qualités tenues secrètes par la séduction ou négligées par notre approche narcissique. Si une connaissance doit émerger de l'intimité, c'est bien celle qui résulte de ces confrontations, qui nous contraignent à abattre nos cartes les plus secrètes.

Ce jeu dangereux mais essentiel ne peut cependant pas se prolonger indéfiniment, et il faut bien «se raccommoder», comme disent les anciens, en clôturant soigneusement chaque épisode par une concession toujours en partie jouée, dans laquelle nous abandonnons quelque chose à l'autre tout en lui en extorquant une autre. Au si fameux «lâcher-prise», l'amour oppose, à travers l'expérience de la conflictualité, un «lâcher-prendre» beaucoup plus subtil, ludique et savoureux. La véritable intimité est moins paisible que le voudrait l'image simpliste d'une sérénité confiante. Elle est jalonnée de batailles où les positions s'évaluent et s'affrontent, avec des avancées et des retraites qui permettent à chacun de mettre en lumière sa dépendance et sa liberté. Une intimité qui dure se nourrit de ces petits jeux et d'une discrète mécanique conflictuelle dont les rouages finissent par être bien huilés.

De la crise à la confiance trahie

Mais nous changeons au fil du temps, et le plus grand défi que nous impose l'amour, c'est de réussir à changer ensemble. Nos transformations mettent en effet nos liens à rude épreuve et compromettent les routines qui permettent aux sentiments de s'exprimer. Une transformation radicale dans le champ professionnel, la perte d'un proche, un accident grave, les difficultés d'un enfant, par exemple, peuvent perturber la fragile économie de nos démonstrations affectives. C'est dans de tels cas que s'installe la crise, cet état de conflictualité permanente qui se nourrit de tout et que l'on ne sait plus éteindre. Elle est l'indice d'un malaise profond que rien ne parvient à apaiser.

Au plus fort de ces crises s'établissent des marges pour une autre forme de trahison, celle qui vient punir l'autre de ne pas avoir su évoluer au même rythme. Trahir, dans ce cas, n'exprime pas seulement la liberté, mais aussi l'amertume de ne pas avoir su trouver de nouveaux équilibres. Cette trahison là est plus dirigée, plus définitive aussi. Elle dit à l'autre que c'est parce qu'il est ce qu'il est (et donc parce qu'il n'arrive pas à changer comme nous le souhaiterions) que nous le punissons. Elle vient précipiter une rupture qui n'était pas encore jouée. Elle est la plus douloureuse, car elle acte la fin de la relation d'une manière unilatérale – donc non consentie par l'autre partie.

13

La trahison est inévitable, et alors ?

La trahison entretient un rapport étroit avec la liberté. Trahir ne se réduit pas à une perversion sadique qui n'aurait pas été décelée assez tôt chez son auteur. Trahir, c'est exprimer à l'autre que nous sommes toujours plus et autre que ce qu'il retient de nous. Pour rien, comme ça, juste parce que c'est possible, ou encore par défi, en lui laissant une chance de se raccrocher différemment à cette autre partie de nous que nous lui laissons deviner. Elle peut même être définitive, pour se libérer d'un cadre décidément trop étouffant.

En dépit de la tentation légitime de se protéger de la trahison, il faut sans doute admettre qu'elle demeure inévitable. Chacun reste toujours libre de rompre les attaches. Le simple vertige de sa liberté, le poids d'une destinée qui nous impose de terribles étapes que nous n'osons pas affronter ou les imperceptibles changements que nous subissons et qui nous rendent brutalement étrangers à ceux qui nous étaient si familiers ne peuvent jamais être proscrits, puisqu'ils sont autant d'expressions de notre liberté. Dès lors, sous une forme ou une autre, la trahison est un horizon inévitable. Aucune affinité, même la plus sincère, même la plus durable, ne peut réussir à épuiser les multiples facettes d'une personne et nous la rendre parfaitement transparente. C'est sans doute mieux ainsi d'ailleurs, car l'amour ou l'amitié prennent de ce fait une coloration plus savoureuse. Aux antipodes du si banal « Ils étaient faits l'un pour l'autre », le lien affectif s'offre comme l'œuvre aventureuse et incertaine de libertés qui s'efforcent de tenir ensemble sans jamais s'anéantir – ce qui exige vigilance, ténacité, créativité.

L'idée d'une parfaite sécurité est donc vaine. Au contraire, lorsqu'une telle idée prétend s'appuyer sur un indice comme le sentiment de confiance, elle nous fait tomber de plus haut. Si nous avons tant de mal à nous relever, c'est en grande partie parce que nous avions cru pouvoir l'éviter. Intégrer le fait que la trahison fait partie du jeu de nos interactions permet de la situer à sa juste place. *Nous aussi*, nous avons déjà trahi, même si nous n'aimons pas en parler. Il n'y a donc pas lieu de sombrer dans le pessimisme et la paranoïa lorsque c'est nous qui sommes visés.

Faire à nouveau confiance ?

La trahison n'invalide en rien la nécessité de faire confiance. Quand nous comprenons que ce que nous sommes peut parfois déplaire, même à ceux qui nous ont aimés, qu'en projetant sur les autres des attentes qui les enfermaient, une image idéalisée qui les niait, parfois en malmenant violemment les liens, nous pouvons alors concevoir notre vulnérabilité n'est pas la cause première de la trahison qui nous atteint. La possibilité de faire confiance reste alors entière, quand elle ne sort pas renforcée de cette épreuve. Il y a, dans nos sentiments, une dimension possessive, étouffante, statique aussi, qui pèse parfois lourdement sur la liberté des autres. Si nous ne savons pas nous adresser à cette liberté, si nous ne la mettons plus au défi, que nous enfermons les autres dans le cadre oppressant d'un sentiment qui se prétend définitif, nous favorisons malgré nous ces gestes de libération.

Les trahisons peuvent peut-être nous apprendre à mieux aimer, car elles nous en disent un peu plus chaque fois sur qui nous sommes et nous invitent à ne jamais négliger la liberté de l'autre en considérant son amour comme acquis. Or, faire confiance possède de réelles vertus en ce sens. Contrairement au *sentiment* de confiance, qui reste tyrannique, paresseux et ennemi du changement, l'*acte* de faire confiance est à la source de gestes plus ponctuels, plus modestes, plus ouverts sur l'autre et donc plus respectueux de sa liberté. Rester attentif à la liberté de l'autre, continuer à la solliciter, même lorsqu'un sentiment nous présente cette personne comme absolument nécessaire à notre bonheur, est un exercice des plus difficiles, mais aussi des plus savoureux. Si on sait les comprendre, les trahisons nous invitent donc à nous montrer plus attentifs à cette liberté des autres.

La tentation du pardon ?

Pour autant, faut-il faire à nouveau confiance au traître lui-même ? La tentation du pardon, en quelque sorte. Pour généraliser, il faudrait verser dans un angélisme peu défendable. Certaines trahisons se veulent définitives. Elles viennent nous sanctionner d'être ce que nous sommes. Prétendre les dépasser reviendrait à imposer quelque chose de soi à celui qui n'en veut plus, sous une forme d'insistance invasive. S'exposer à nouveau, obstinément, et se montrer sourd à l'expression de rejet qui nous était adressé pourrait conduire au pire et mener à une relation profondément déséquilibrée. Mais d'autres trahisons sont plus légères, moins chargée de reproches, et offrent peut-être une marge plus importante à un geste qui pourrait dès lors apparaître comme la proposition de quelque chose de neuf. Il n'y a aucune règle définitive en la matière.

Mais si le sort du traître reste parfois incertain, faire confiance demeure notre puissance la plus essentielle : celle de nous ouvrir indéfiniment aux autres libertés, avec lesquelles il est toujours possible de rendre le réel plus habitable, plus humain.

Commencer

Il est 11 heures, ce vendredi 23 mai, et je suis dans le studio 105 de la Maison de la Radio, assis à la place de l'invité. Le lieu est impressionnant. Un grand amphithéâtre qu'il a fallu traverser pour atteindre, tout en bas, une grande table où Adèle Van Reeth, la présentatrice, s'affaire à régler les derniers détails de l'émission que nous allons enregistrer. Elle jette un œil sur les textes que nous avons prévu d'utiliser, s'entretient avec son régisseur par le biais d'une oreillette, se tourne vers moi pour une ou deux questions, puis replonge dans un texte et s'interrompt encore pour un dernier point avec Marianne, la chargée de production, dans un ballet précis et élégant. À dire vrai, je n'en mène pas large. La fatigue d'une nuit trop courte, un train pris très tôt avec vingt-trois élèves bouillonnant d'énergie et les mille pensées qui me traversent l'esprit me donnent un peu le tournis. À quelques secondes de commencer, une belle incertitude se fait sentir. En suis-je vraiment capable ? Pourquoi prendre ainsi le risque de s'exposer ? L'idée que je souhaite développer a-t-elle vraiment de la valeur ? Ne vais-je pas m'embrouiller et me couvrir de ridicule ? Je ne suis plus très sûr de savoir pourquoi je suis là, mais je reconnais aussi dans cette émotion l'indice de quelque chose que j'apprécie particulièrement, qui commence à me procurer un frisson de plaisir. Il est temps de faire confiance et de partir à la rencontre de ce que je ne connais pas encore. Il va falloir se jeter, vivre pleinement cet instant qui s'offre, batailler contre d'infinis petits obstacles et goûter la saveur d'un moment dont je sens qu'il n'a rien d'ordinaire, parce qu'il n'est pas encore écrit. Et dans cet effort, je ne suis pas seul, je me sens déjà porté par tous ces fils qui me tiennent fermement et aiguillent mon parcours. Il y a la sérénité apaisante d'Adèle, le regard amusé et bienveillant de mes élèves, le sourire chaleureux de Marianne, l'attente impatiente de mes enfants, qui ne comprendront que dans quelques années le sens de ces traces que je suis venu leur laisser, la force intime que me confère celle qui, à distance, vit cette heure avec encore plus d'intensité que moi. Des dizaines d'impressions fugitives me renvoient ainsi à la pluralité de ceux par qui et pour qui je suis ici, à ce moment précis : des conseils de mes maîtres aux recommandations d'un père, jusqu'à la pensée de cet ami disparu peu de temps auparavant et qui se disait, non sans ironie, si fier de compter un « vrai philosophe » parmi ses proches et pour qui je veux me montrer à la hauteur. Et puis il y a ce mystérieux *auditeur*, à qui l'on m'offre le privilège de m'adresser pour la première fois et dont l'absence ne fait que souligner l'importance. Toutes ces voix, discrètement, m'invitent à savourer ce moment et à en explorer la nouveauté avec une ardeur joyeuse.

Plus que jamais, je perçois alors à quel point nous sommes tissés en profondeur par nos relations, à quel point nos forces n'émergent et ne s'expriment que par le jeu de ces multiples rencontres, dont l'écho ne cesse ensuite de s'approfondir en nous.

La rencontre est un point où les mondes se démultiplient, où le réel s'approfondit indéfiniment de toutes ces nuances que la liberté et la présence des autres lui apportent. Elle est le nom même de toutes nos aventures et sans doute le seul véritable défi que nous ayons à relever. Ce que nous sommes, en définitive, tient à ces moments suspendus où des mondes se sont ouverts, dans la figure d'un maître, d'un ami, d'un amour, qui ont d'abord été pour nous de parfaits inconnus avant de nous inviter à prendre un peu plus au sérieux notre présence au réel et à y imprimer ce que nous avons de meilleur.

Pour que de véritables rencontres aient lieu et que nos puissances trouvent ainsi à s'exprimer, pour dépasser le niveau d'une tiède coexistence, il est nécessaire d'opérer ce premier geste, décisif, de *faire confiance*. Dire oui, s'ouvrir, s'exposer, accueillir en soi la part de l'autre, mais aussi l'éclairer dans le même temps, se réconcilier avec la plus belle des incertitudes, celle qui provient nécessairement de la liberté des autres, c'est prendre le risque de se découvrir et de se construire soi-même à leur contact. S'en remettre à cette incertitude, c'est entrer dans le seul monde où nous ayons vraiment une place, celui que fabriquent patiemment nos multiples interactions, un espace maillé de bienveillance, souvent imprévisible, où il est possible d'imaginer, mais aussi de s'accomplir, sans préjuger du chemin à emprunter.

Cependant, pour goûter cette joie intense, celle de se découvrir et de construire ensemble des réalités qui auraient pu rester de simples chimères, il faut bousculer plusieurs idées dont l'emprise demeure tenace sur nos comportements et résister à leur triste pouvoir de séduction : le désenchantement des sceptiques qui prétendent avoir fait le tour de la question et toujours savoir *à quoi s'en tenir*, la tendance généralisée à la méfiance qui nous invite spontanément à voir en l'autre un ennemi, l'obsession de tout maîtriser qui nous fait redouter toute conséquence non prévue et tend à encadrer nos actions dans un carcan de procédures, au mépris de l'intelligence collective, sont autant d'adversaires redoutables, auxquels il faut opposer une résistance ferme et intraitable.

L'idée de ce livre s'apparente à une telle résistance, même si son projet comporte une difficulté majeure. Faire confiance exige de la discrétion et ne gagne pas à être affiché comme une idéologie. Il ne relève ni d'un système ni d'une technique comportementale et se déploie d'autant plus fortement qu'on ne le met pas trop en lumière. L'idée d'en rappeler les vertus a cependant pu s'imposer dans un contexte où, décidément, la méfiance commence à prendre un peu trop de place. Il s'agit donc simplement de nous souvenir de ce que nous avons toujours su, pour pouvoir à nouveau l'*oublier* sereinement dans nos gestes quotidiens.

Ce livre n'aurait jamais vu le jour sans cette proposition qu'Agnès, une auditrice particulièrement attentive, m'a adressée peu de temps après avoir écouté l'émission. « Avez-vous déjà songé à écrire ? » Dans la lumière de cette invitation, dans l'évidence d'une telle confiance, il devenait impossible de ne pas affronter la difficulté. Je la remercie encore de m'avoir ainsi invitée dans son monde !

Le conditionnel est le temps des lâches

Comme une lumière projetée dans la nuit, le conditionnel exagère les formes de tout ce qu'il éclaire et tronque la vision. Les ombres sur les murs nous semblent toujours trop grandes, les murmures des fantômes nous glacent vite le sang, mais tout cela n'est point. Ces chatoiements factices ont une douce saveur et l'immobilité en fait sa nourriture.

L'action irrigue le futur d'une toute autre lumière. Bien plus que des fantômes, les choses y sont réelles, leur contour se dessine et elles offrent enfin prise. Agir, c'est grimper sur le temps, épouser par son corps les arêtes des choses, y créer un passage qu'aucun œil ne voyait. *Pré-voir*, c'est regarder des ombres à l'heure où le réel aspire à devenir… Ces hallucinations nous tiennent en respect. Elles givrent nos mains, figent nos envies, nous sourient gentiment.

Les lâches sont logiques.

Mais la logique est lâche…, elle laisse échapper tout ce qu'elle prétend saisir !

Notes

1. Bertolt Brecht, *Grand-peur et misère du IIIe Reich*, « Le mouchard », trad. Pierre Vesperini, L'Arche, 2014.
2. René Char, *Fureur et Mystère*, 1948, Poésie/Gallimard.
3. https//www.youtube.com/watch?v=cYqJyOXnuWY
4. Friedrich Nietzsche, *Ainsi parlait Zarathoustra*, « Le convalescent », trad. Maurice de Gandillac, Gallimard, 1971.
5. Épicentre Films, 2008, Édition Collector.
6. Jon Krakauer, *Into the Wild – Voyage au bout de la solitude*, traduction Christian Molinier, Presse de la Cité, 2008.
7. Friedrich Nietzche, *Ainsi parlait Zarathoustra*, « De l'ami », *op. cit.*
8. Friedrich Nietzsche, *Aurore*, 1881, § 370.
9. Miguel de Cervantès, *L'Ingénieux Hidalgo Don Quichotte de la Manche*, trad. Louis Viardot, 1836-1837, vol. 1, chapitre 18.
10. Michel Tournier, *Vendredi ou les limbes du Pacifique*, Gallimard, 1967 ; rééd. « Folio ».
11. Michel de Montaigne, *Essais*, « De la vanité », chapitre 9.
12. Hans Fallada, *Seul dans Berlin*, trad. André Vandevoorde et Alain Virelle, Gallimard, « Folio », 2004.
13. Jane Birkin, « Baby Alone in Babylone », 1983.

Remerciements

Je remercie sincèrement Agnès Vidalie d'avoir initié, puis guidé ce projet avec une patience toujours lucide et bienveillante, et de m'avoir offert l'expérience d'une si belle aventure. Un grand merci également à Élisabeth Boyer pour la justesse et la précision de ses remarques, et pour son rôle décisif dans la finalisation de ce travail.

Merci à Adèle Van Reeth et à toute l'équipe des «Nouveaux Chemins de la connaissance» pour toutes ces étincelles de savoir qui éclairent nos parcours.

Achevé d'imprimer en août 2015
sur les presses de La Tipografica Varese Srl, Varese, Italie,
pour le compte des éditions Hachette Livre (Marabout)
58, rue Jean Bleuzen,
92178 Vanves Cedex

6466741/01
ISBN : 978.2.501.09875.5
Dépôt légal : septembre 2015

MARABOUT
s'engage pour l'environnement
en réduisant l'empreinte
carbone de ses livres.
Celle de cet exemplaire est de :
723 g éq. CO_2
Rendez-vous sur
www.marabout-durable.fr

PAPIER À BASE DE
FIBRES CERTIFIÉES